ALMANACH-AGENDA

DES MAIRES

ET

DES CONSEILLERS MUNICIPAUX

1869

Paris. — Impr. de Cosse et J. Dumaine, rue Christine, 2.

ALMANACH-AGENDA

DES

MAIRES

ET

DES CONSEILLERS MUNICIPAUX

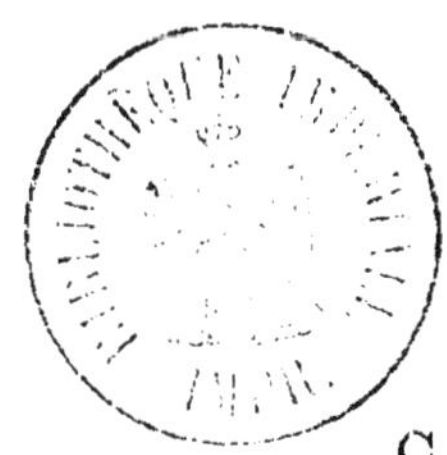

1869

CALENDRIER

indiquant les travaux des mairies pour chaque mois

suivi de

NOTIONS ÉLÉMENTAIRES DU DROIT ADMINISTRATIF

comprenant

l'organisation et les attributions de tous les pouvoirs administratifs
l'organisation municipale
et tout ce qui se rattache aux intérêts des communes.

Par B. LAMARE

Avec la collaboration de plusieurs jurisconsultes.

PARIS

IMPRIMERIE ET LIBRAIRIE GÉNÉRALE DE JURISPRUDENCE

COSSE, MARCHAL ET Cie, IMPRIMEURS-ÉDITEURS,

LIBRAIRES DE LA COUR DE CASSATION,

Place Dauphine, 27.

JANVIER 1869.

Les jours croissent de 1 h. 4 min.

1	vendredi	CIRCONCISION. **P.Q.**
2	samedi	s. Basile, *év.*
3	1 D.	ste Genev.
4	lundi	s. Rigob.
5	mardi	ste Amélie.
6	mercredi	EPIPHANIE
7	jeudi	s. Théodore
8	vendredi	s. Lucien **P.L.**
9	samedi	s. Julien
10	2 D.	s. Paul, *erm.*
11	lundi	ste Hortense
12	mardi	s. Arcade
13	mercredi	s. Bapt. N.-S.
14	jeudi	s. Hilaire
15	vendredi	s. Maur
16	samedi	s. Guill. **D.Q.**
17	3 D.	s. Antoine
18	lundi.	Ch. s. Pierre
19	mardi	s. Sulpice
20	mercredi	s. Sébastien
21	jeudi	ste Agnès
22	vendredi	s. Vincent
23	samedi	s. Ildefons.
24	4 D.	*Septuagés.* **N.L.**
25	lundi	Conv. s. Paul
26	mardi	ste Paule
27	mercredi	ste Angélique
28	jeudi	s. Charlemagne.
29	vendredi	s. François de S.
30	samedi	s. Savine
31	5 D.	*Serages.* **P.Q.**

FÉVRIER.

Les jours croissent de 1 h. 30 min.

1	lundi	s. Ignace
2	mardi	*Purification.*
3	mercredi	s. Blaise
4	jeudi	ste Jeanne
5	vendredi	ste Agathe
6	samedi	s. Amand, *év.*
7	6 D.	*Quinquag.* **P.L.**
8	lundi	s. Romual.
9	mardi	*Mardi gras*
10	mercredi	*Cendres*
11	jeudi	s. Jean, M.
12	vendredi	s. Scolastique
13	samedi	s. Séverin
14	7 D.	*Quadragésime*
15	lundi	ste Eulalie **D.Q.**
16	mardi	s. Leuzin
17	mercredi	*Quatre-Temps*
18	jeud.	s. Valentin
19	vendredi	s. Faustin
20	samedi	s. Elie
21	8 D.	*Reminis.*
22	lundi	s. Gabin. **N.L.**
23	mardi	s. Eucher
24	mercredi	s. Felix
25	jeudi	Ste Isabelle
26	vendredi	s. Milburge
27	samedi	s. Leandre
28	9 D.	*Oculi*

MARS.

Les jours croissent de 1 h. 48 min.

1	lundi	s. Simplice **P.Q.**
2	mardi	s. Camille
3	mercredi	s. Adrien
4	jeudi	ste Colette
5	vendredi	s. Thomas-d'Acq.
6	samedi	ste Françoise
7	10 D.	*Lætare*
8	lundi	s. Firmin
9	mardi	s. Grégoire **P.L.**
10	mercredi	ste Euphrasie
11	jeudi	47 Martyrs
12	vendredi	s. Cyriaque
13	samedi	ste Gertrude
14	11 D.	*Passion*
15	lundi	s. Victor
16	mardi	s. Joach.
17	mercredi	s. Benoît **D.Q.**
18	jeudi	s. Alexandre
19	vendredi	s. Joseph
20	samedi	s. Rupert
21	12 D.	RAMEAUX
22	lundi	s. Gontran
23	mardi	s. Pasteur
24	mercredi	ste Balbine **N.L.**
25	jeudi	s. Victorien.
26	vendredi	*Vendredi saint*
27	samedi	s. Ludger
28	13 D.	PAQUES
29	lundi	s. Siméon
30	mardi	s. Romain **P.Q.**
31	mercredi	s. Arille.

AVRIL.

Les jours croissent de 1 h. 38 min.

1	jeudi	s. Valeri
2	vendredi	s. François, P.
3	samedi	s. Richard
4	14 D.	*Quasimodo*
5	lundi	ANNONCIATION
6	mardi	s. Ambroise
7	mercredi	s. Célestin **P.L.**
8	jeudi	s. Clotaire
9	vendredi	s. Edèze
10	samedi	s. Hugues
11	15 D.	s. Léon
12	lundi	s. Justin
13	mardi	s. Tiburce
14	mercredi	s. Victorin
15	jeudi	s. Paterne **D.Q.**
16	vendredi	s. Anicet
17	samedi	s. Parfait.
18	16 D.	s. Marcelin
19	lundi	s. Anselme
20	mardi	s. Théodore
21	mercredi	s. Blanchard
22	jeudi	s. Simon **N.L.**
23	vendredi	s. Georges
24	samedi	s. Beuve
25	17 D.	s. Marc
26	lundi	s. Espérance
27	mardi	s. Castor
28	mercredi	s. Vital
29	jeudi	s. Robert **P.Q.**
30	vendredi	s. Eutrope

MAI.

Les jours croissent de 1 h. 17 min.

1	samedi	s. Phil. s. Jacq.
2	18 D.	s. Athan.
3	lundi	*Rogations*
4	mardi	ste Moniq.
5	mercredi	Conv. s. Aug.
6	jeudi	ASCENSION
7	vendredi	s. Stanislas **P.L.**
8	samedi	s. Désiré
9	19 D.	Oct. Asc.
10	lundi	s. Antoine
11	mardi	s. Mamert
12	mercredi	ste Flavie
13	jeudi	s. Servais
14	vendredi	s. Pons
15	samedi	*Vig. Jeûne.* **D.Q.**
16	20 D.	PENTECOTE
17	lundi	s. Honoré
18	mardi	s. Restitut
19	mercredi	*Quatre-Temps*
20	jeudi	s. Yves
21	vendredi	s. Bernard **N.L.**
22	samedi	s. Emile
23	21 D.	Trinité
24	lundi	s. Donatien
25	mardi	s. Félix
26	mercredi	s. Brix
27	jeudi	Fête-Dieu
28	vendredi	s. Urbain **P.Q.**
29	samedi	s. Quadrat
30	22 D.	s. Hildevert
31	lundi	s. Maximin

JUIN.

Les jours croissent de 14 min.

1	mardi	s. Pamphile
2	mercredi	s. Pothin
3	jeudi	Oct. Fête-Dieu
4	vendredi	s. Quirin
5	samedi	s. Boniface
6	23 D.	s. Claude **P.L.**
7	lundi	s. Vital
8	mardi	s. Médard
9	mercredi	ste Pélagie
10	jeudi	s. Landri
11	vendredi	Fête-Dieu
12	samedi	ste Olympe
13	24 D.	s. A. de P. **D.Q.**
14	lundi	s. Rufin
15	mardi	s. Modeste
16	mercredi	s. Fargeau
17	jeudi	s. Avit
18	vendredi	s. Didier
19	samedi	s. Gerv. s. P.
20	25 D.	s. Silvère. **N.L.**
21	lundi	s. Leufroi
22	mardi	s. Paulin
23	mercredi	s. Zénon *c. j.*
24	jeudi	s. Jean-Baptiste
25	vendredi	s. Prosper
26	samedi	s. Sauve
27	26 D.	s. Crescent **P.Q.**
28	lundi	s. Irén.
29	mardi	s. P. s. P.
30	mercredi	Com. s. Paul

JUILLET.

Les jours diminuent de 58 min.

1	jeudi	ste Eléonore
2	vendredi	Vis. de N.-D.
3	samedi	s. Anatole
4	27 D.	T. s. Mart.
5	lundi	ste Zoé, *m.* **P.L.**
6	mardi	s. Tranquill.
7	mercredi	ste Aubierge
8	jeudi	s. Aquila
9	vendredi	s. Cyrille
10	samedi	ste Félicité
11	28 D.	Tr. s. Benoit
12	lundi	s. Gualbert **D.Q.**
13	mardi	s. Eugène
14	mercredi	s. Bonavent.
15	jeudi	s. Henri
16	vendredi	s. Eustache
17	samedi	s. Alexis
18	29 D.	s. Frédéric
19	lundi	s. V. de P. **N.L.**
20	mardi	ste Marguerite
21	mercredi	s. Victor, *m.*
22	jeudi	ste Madeleine
23	vendredi	s. Apollinaire
24	samedi	ste Christine *j. c.*
25	30 D.	s. Jacques, *m.*
26	lundi	ste Anne
27	mardi	ste Nathalie **P.Q.**
28	mercredi	s. Samson
29	jeudi	ste Marthe
30	vendredi	s. Abdon
31	samedi	s. Germain l'A.

AOUT.

Les jours diminuent de 1 h. 36 min.

1	31 D.	s. Léonce
2	lundi	s. Etienne, P.
3	mardi	Inv. s. E.
4	mercredi	s. Dominiq. **P.L.**
5	jeudi	s. Cassien, *év.*
6	vendredi	Tr. de N.-S.
7	samedi	s. Albert
8	32 D.	ste Léonide
9	lundi	s. Firme
10	mardi	s. Laurent
11	mercredi	ste Suzanne **D.Q.**
12	jeudi	ste Claire
13	vendredi	s. Hippolyte
14	samedi	s. Eusèbe *v. j.*
15	33 D.	ASSOMPTION
16	lundi	s. Roch
17	mardi	s. Mammès
18	mercredi	ste Hélène **N.L.**
19	jeudi	s. Donat
20	vendredi	s. Bernard
21	samedi	s. Privat
22	33 D.	s. Symphor.
23	lundi	s. Sidoine
24	mardi	s. Barthélemy
25	mercredi	s. Louis, *r.*
26	jeudi	*f. j. c.* **P.Q.**
27	vendredi	s. Césaire
28	samedi	s. Augustin
29	35 D.	D. s. Jean-Bap.
30	lundi	s. Fiacre
31	mardi	s. Raymond

SEPTEMBRE.

Les jours diminuent de 1 h. 42 min.

1	mercredi	s. Leu s. Gille
2	jeudi	s. Just **P.L.**
3	vendredi	s. Grégoire
4	samedi	ste Rosalie
5	36 D.	s. Bertin
6	lundi	ste Reine
7	mardi	s. Cloud
8	mercredi	N. de N.-D.
9	jeudi	s. Omer, *év.* **D.Q.**
10	vendredi	ste Pulchérie
11	samedi	s. Hyacinthe
12	37 D.	s. Raphaël
13	lundi	s. Maurille
14	mardi	Exalt. ste Cr.
15	mercredi	*Quatre-Temps.*
16	jeudi	s. Nicomède **N.L.**
17	vendredi	s. Lambert
18	samedi	s. J. Chrys.
19	38 D.	s. Janvier
20	lundi	s. Eustache
21	mardi	s. Mathieu
22	mercredi	s. Maurice
23	jeudi	ste Thècle
24	vendredi	s. Andoche **P.Q.**
25	samedi	s. Firmin, *év.*
26	39 D.	ste Justine
27	lundi	s. Côm. s. D.
28	mardi	s. Céran
29	mercredi	s. Michel, *a.*
30	jeudi	s. Jérôme

OCTOBRE.

Les jours diminuent de 1 h. 44 m.

1	vendredi	s. Remi
2	samedi	ss. Aug. G. **P.L.**
3	40 D.	s. Gérard
4	lundi	s. François d'Ass.
5	mardi	ste Flavie
6	mercredi	s. Bruno
7	jeudi	ste Justine
8	vendredi	ste Brigitte **D.Q.**
9	samedi	s. Denis
10	41 D.	s. Fr. de B.
11	lundi	s. Gusman
12	mardi	s. Vilfrid
13	mercredi	s. Gérand
14	jeudi	s. Calixte, P.
15	vendredi	ste Thérèse
16	samedi	s. Gal, *év.* **N.L.**
17	42 D.	s. Florentin
18	lundi	s. Luc, *év.*
19	mardi	Savinien
20	mercredi	Caprais
21	jeudi	ste Ursule
22	vendredi	s. Mellon, *év.*
23	samedi	s. Hilarion
24	43 D.	s. Magloire **P.Q.**
25	lundi	s. Crép. s. Cr.
26	mardi	s. Rustique
27	mercredi	s. Frumence
28	jeudi	s. Sim. s. J.
29	vendredi	s. Valentin
30	samedi	s. Lucain
31	44 D.	*Vig. Jeune.* **P.L.**

NOVEMBRE.

Les jours diminuent de 1 h. 47 min.

1	lundi	TOUSSAINT
2	mardi	*Trépassés*
3	mercredi	s. Hubert
4	jeudi	s. Charl. Bor.
5	vendredi	s. Zacharie
6	samedi	s. Léonard
7	45 D.	s. Ernest **D.Q.**
8	lundi	stes Reliques
9	mardi	s. Mathurin
10	mercredi	s. Juste
11	jeudi	s. Martin, *év.*
12	vendredi	s. René, *év.*
13	samedi	s. Brice, *év.*
14	46 D.	s. Vénér.
15	lundi	ste EUGÉNIE **N.L.**
16	mardi	s. Edme, *a.*
17	mercredi	s. Agnan, *év.*
18	jeudi	s. Odon
19	vendredi	ste Elisabeth
20	samedi	s. Edmond
21	47 D.	Prés. N.-D.
22	lundi	ste Cécile
23	mardi	s. Clément **P.Q.**
24	mercredi	ste Flore
25	jeudi	ste Catherine
26	vendredi	s. Conrad
27	samedi	s. Séverin
28	48 D.	AVENT
29	lundi	s. Sosthènes
30	mardi	s. André **P.L.**

DÉCEMBRE.

Les jours diminuent de 14 min.

1	mercredi	s. Eloi
2	jeudi	ste Aurélie
3	vendredi	s. Fr. Xav.
4	samedi	ste Barbe
5	49 D.	s. Sabas, *ab.*
6	lundi	s. Nicolas **D.Q.**
7	mardi	ste Fare, *v.*
8	mercredi	CONCEPTION
9	jeudi	ste Léocadie
10	vendredi	ste Eulalie
11	samedi	s. Daniel
12	50 D.	s. Maxence
13	lundi	ste Luce, *v.*
14	mardi	s. Nicaise
15	mercredi	*Quatre-T.* **N.L.**
16	jeudi	s. Mesmin
17	vendredi	s. Lazare
18	samedi	s. Gatien
19	51 D.	s. Meuris
20	lundi	s. Philogone
21	mardi	s. Thomas
22	mercredi	s. Honorat **P.Q.**
23	jeudi.	ste Victoire
24	vendredi	s. Delph, *v. j.*
25	samedi	NOEL
26	52 D.	s. Etienne
27	lundi	s. Jean, *év.*
28	mardi	ss. Innoc.
29	mercredi	s. Thomas **P.L.**
30	jeudi	s. Sabin
31	vendredi	s. Sylvestre

Nombre d'or, 8 : Ep. 17. Cycl. solaire, 2. Ind. Rom. 12. L.D. —C.

Le printemps commence le 20 mars à 7 h. 33 m. du matin.

L'été commence le 21 juin à 10 h. 28 m. du soir.

L'automne commence le 22 septembre à 6 h. 48 m. du soir.

L'hiver commence le 21 décembre à 0 h. 37 m. du matin.

TRAVAUX DE JANVIER.

PREMIÈRE QUINZAINE.

Présenter au visa du receveur de l'enregistrement, dans les dix premiers jours, le répertoire des actes sujets à l'enregistrement (à peine de 10 fr. d'amende par dix jours de retard). — Lui fournir l'état des décès arrivés dans la commune pendant le trimestre précédent. — Lui remettre l'extrait des jugements de police ayant prononcé des amendes pendant le mois de décembre.

Avant le 8 janvier, envoyer au sous-préfet un rapport sur le service d'administration et de surveillance des prisons.

Vérifier et constater par un procès-verbal l'état de la situation de la caisse municipale.

Coter et parapher les registres-journaux et autres livres des divers comptables et des établissements de bienfaisance, le journal à souche et le livre récapitulatif du percepteur.

Viser et publier les rôles des contributions directes.

Retirer du bureau du percepteur les rôles qui remontent à trois ans et les envoyer à la sous-préfecture.

Envoyer une liste de candidats répartiteurs.

Envoyer l'état des pensionnaires de la marine, des membres de la Légion d'honneur, des décorés de la médaille militaire, des anciens militaires de la République et de l'Empire ayant obtenu des secours viagers, des pensionnaires de l'Etat et du département.

Envoyer l'expédition, sur papier timbré, des actes de décès des étrangers pendant le trimestre précédent.

Visiter les établissements publics et privés qui renferment des aliénés.

Rappeler aux possesseurs de chiens, par des publications réitérées, que le 15 janvier expirent les délais pour la déclaration définitive du nombre de leurs chiens et de l'usage auquel on les destine.

Faire afficher la liste annuelle des vétérinaires brevetés du département, en rappelant aux propriétaires d'animaux que les pertes résultant d'épizooties ne peuvent servir de base à des indemnités que si elles sont appuyées de certificats constatant que les animaux ont été traités par un vétérinaire.

Clôturer les registres de l'état civil en un procès-verbal dressé sur ces registres mêmes et constatant le nombre des actes inscrits. — Envoyer l'un des doubles au greffe du tribunal civil.

Réviser les listes électorales ; réunir la commission chargée de juger les réclamations qui ont pu se produire ; rédiger le tableau des retranchements et des inscriptions nouvelles ; le publier le 15 janvier.

Demander aux présidents de sociétés des secours mutuels les comptes rendus de l'année précédente.

Envoyer le tableau des vaccinations faites pendant l'année précédente.

Envoyer l'état des mutations survenues durant l'année dans le personnel médical.

Faire établir les relevés statistiques concernant les hospices, bureaux de bienfaisance, salles d'asile, etc.

Envoyer les tableaux constatant le mouvement de la population pendant l'année précédente, en conservant un double aux archives de la commune.

Envoyer les certificats d'existence des colons de Saint-Domingue et ceux des enfants trouvés placés par l'administration en nourrice ou en pension dans la commune.

Envoyer les renseignements propres à fixer le prix des journées de travail.

Faire constater en présence des facteurs ruraux l'empreinte du timbre fixé à demeure dans la boîte aux lettres de chaque commune parcourue par eux.

Former le tableau de recensement pour le recrutement de l'armée et le faire publier et afficher.

Clore les registres d'engagements volontaires pour l'année qui vient de s'écouler ; déposer aux archives de la commune et au greffe du tribunal civil un double de ces engagements.

Envoyer à la sous-préfecture le tableau des sous-officiers et soldats libérés ou ayant obtenu un congé et résidant dans la commune.

Envoyer à M. le procureur impérial l'état des jugements de police rendus pendant le précédent trimestre et qui ont prononcé la peine de l'emprisonnement.

Remettre au commandant de gendarmerie l'état du prix moyen des fourrages et de la paille pendant le trimestre précédent.

Envoyer à la sous-préfecture le certificat d'exercice de l'instituteur, si la commune reçoit une subvention pour l'instruction primaire, et le rôle de la rétribution mensuelle à payer par les élèves.

Envoyer le registre de saillies des taureaux placés par l'administration dans la commune.

Envoyer à l'agent forestier local et à la sous-préfecture l'état des bestiaux que possède chaque habitant ayant droit aux pâturages communaux.

Prendre des arrêtés pour l'enlèvement des neiges et glaces.

SECONDE QUINZAINE.

Assister à la réunion cantonale pour délibérer sur les époques des travaux à faire exécuter sur les chemins vicinaux.

Communiquer au receveur municipal le registre destiné à l'inscription des contribuables qui ont déclaré opter pour la prestation en nature.

Afficher et publier l'arrêté préfectoral relatif à la vérification périodique des poids et mesures et en rappeler les dispositions aux administrés deux jours au moins avant le transport du vérificateur dans la commune. (On suppose que l'arrêté fixe pour cette époque la vérification pour la commune.)

Prendre pour l'échenillage un arrêté reproduisant la loi du 26 ventôse an IV.

Convoquer les membres du conseil municipal pour la session de février, laquelle aura lieu dès les premiers jours de février ou au jour indiqué par arrêté préfectoral. — Indiquer les principales matières à traiter dans cette session et faire la convocation par écrit au domicile de chaque conseiller municipal, *trois jours au moins* (trois jours francs) avant celui fixé pour la réunion.

LE 15 ET LE 30 :

Dans les communes où il existe un marché de grains et bestiaux, envoyer la mercuriale, c'est-à-dire l'état périodique du prix courant de certaines denrées ou marchandises, extrait des registres tenus dans les mairies et où sont consignés immédiatement après la tenue du marché, les prix moyens des grains, légumes, comestibles, combustibles, fourrages et bestiaux.

TRAVAUX DE FÉVRIER.

PREMIÈRE QUINZAINE.

Première session légale du conseil municipal, pouvant durer dix jours et devant avoir pour objets principaux :

1° La délibération sur les dépenses d'entretien des écoles communales pour l'année suivante;

2° La fixation, toujours pour l'année suivante, du taux des rétributions scolaires, ainsi que la fixation du traitement de l'instituteur et de l'institutrice, en recourant, en cas d'insuffisance des revenus communaux, au vote des centimes spéciaux ;

3° Le rapport du maire sur les améliorations réalisées pendant l'année écoulée, celles qu'on peut projeter et la situation financière de la commune.

Envoyer (avant le 8 février) au sous-préfet un rapport sur le service administratif et de surveillance des prisons pendant le mois de janvier.

Se faire remettre (avant le 10 février), par le receveur communal, la récapitulation sommaire des recettes et dépenses de janvier.

Envoyer au sous-préfet l'état des sous-officiers et soldats qui se fixent dans la commune.

Remettre, au receveur de l'enregistrement, l'extrait des jugements de police qui ont prononcé des amendes pendant le mois précédent.

Faire publier et afficher, au moins dix jours avant la clôture de la chasse, l'arrêté préfectoral fixant la date de cette clôture.

Faire publier et afficher l'époque de la vérification des poids et mesures, si elle n'a eu lieu plus tôt.

Faire visiter les fours et cheminées.

Surveiller l'opération de l'échenillage qui, d'après la loi du 26 ventôse an IV, doit être terminée le 20 février.

(Nota. — Pour cette surveillance, comme pour la visite des fours et cheminées, le maire peut pénétrer et faire pénétrer ses agents dans les propriétés privées).

SECONDE QUINZAINE.

Faire publier l'arrêt relatif à la clôture de la chasse, s'il ne l'a été plus tôt.

Faire annoncer la vérification des poids et mesures, si elle doit avoir lieu à cette époque.

Envoyer le tableau des commissaires répartiteurs proposés, si cet envoi n'a été fait plus tôt.

Achever la visite des fours et cheminées.

Continuer à surveiller l'échenillage, cette opération devant, à la rigueur, être achevée le 20 février.

Prendre, s'il y a lieu, des arrêtés dans l'intérêt des mœurs et de la sécurité publique au sujet des mascarades, promenades bruyantes et autres folies qui peuvent se produire à l'occasion du carnaval.

LE 15 ET LE 30 :

(Dans les communes où il existe un marché de grains et bestiaux), envoyer la mercuriale à la sous-préfecture.

TRAVAUX DE MARS.

PREMIÈRE QUINZAINE.

Faire publier et afficher l'arrêté de clôture de la chasse, s'il n'a pu l'être plus tôt.

Envoyer (avant le 8 mars), un rapport sur le service administratif et de surveillance des prisons pendant le mois de février.

Envoyer (avant le 10 mars) la liste des trente plus fort imposés destinés à compléter, dans certains cas, le conseil municipal, liste dressée par le receveur municipal et certifiée par le maire, qui y joint ses observations s'il y a lieu.

Envoyer l'état des sous-officiers et soldats qui se fixent dans la commune.

Envoyer un rapport sur l'état des récoltes.

Remettre au receveur de l'enregistrement l'extrait des jugements de police qui ont prononcé des amendes pendant le mois de février.

Envoi des mémoires concernant les candidats à proposer pour le prix Monthyon.

Informer le sous-préfet des changements survenus dans la position des jeunes gens qui doivent figurer au tirage et faire publier le jour indiqué pour ce tirage (s'il doit avoir lieu dans ce mois).

Visiter les établissements publics et privés qui renferment des aliénés.

Achever l'échenillage, et, à dater du 10 mars, terme fixé par la loi 26 ventôse an IV, faire écheniller aux frais des propriétaires négligents, contre lesquels le maire délivrera une contrainte en paiement des frais occasionnés par cette opération.

Le 15 mars, expire fatalement le délai accordé au maire pour délivrer des mandats pour paiement de dépenses faites avant le 31 décembre suivant.

SECONDE QUINZAINE.

Envoyer au procureur impérial, si ce n'a pu être fait plus tôt, les tables alphabétiques des registres de l'état civil, le dernier délai expirant le 31 mars.

Clôre les listes électorales; les déposer le 31 mars au secrétariat de la mairie, et envoyer un double au sous-préfet le 1er avril.

Envoyer la liste de dix candidats répartiteurs, si cet envoi n'a eu lieu plus tôt.

Envoyer le mouvement de la population pendant l'année précédente, si ce n'a été fait plus tôt.

Envoyer la liste des médecins, officiers de santé, pharmaciens, sages-femmes et herboristes, exerçant dans la commune.

Envoyer le 31 mars, au plus tard, le tableau des vaccinations de l'année précédente.

Convoquer, dans les derniers jours du mois les commissions administratives des hospices et bureaux de bienfaisance pour l'examen de la comptabilité de ces établissements.

Le 31 mars a lieu la clôture de l'exercice précédent, pour les paiements, comme elle a eu lieu le 15 mars pour la délivrance des mandats.

LE 15 ET LE 30 MARS :

Envoi des mercuriales, s'il existe un marché de grains et bestiaux.

TRAVAUX D'AVRIL.

PREMIÈRE QUINZAINE.

Présenter au visa du receveur de l'enregistrement, dans les dix premiers jours, le répertoire des actes sujets à l'enregistrement. — Lui fournir l'état des décès arrivés pendant le trimestre précédent.

Lui remettre l'extrait des jugements de police qui ont prononcé des amendes pendant le mois de mars.

2

Envoyer le 1er avril, à la sous-préfecture, le double de la liste électorale arrêtée le 31 mars.

Envoyer, avant le 8 avril, un rapport sur le service administratif et de surveillance des prisons pendant le mois de mars.

Envoyer au procureur impérial l'état des jugements de police rendus pendant le premier trimestre et qui ont prononcé l'emprisonnement.

Se faire remettre, par le receveur municipal, dans les dix premiers jours du mois, l'état de situation de la caisse communale.

Viser l'état trimestriel de situation des recouvrements du percepteur.

Remettre au commandant de gendarmerie l'état du prix moyen des fourrages et pailles pendant le premier trimestre.

Envoi trimestriel du certificat d'exercice de l'instituteur, dans les communes qui reçoivent une subvention.

Envoi trimestriel d'une expédition sur papier libre, des actes de décès des membres de la Légion d'honneur, décorés de la Médaille militaire et des pensionnaires de la marine.

Envoyer l'état des sous-officiers et soldats qui se fixent dans la commune.

Visiter les établissements publics et privés qui renferment des aliénés.

Dresser une contrainte contre les propriétaires pour le compte desquels a dû être faite l'opération de l'échenillage.

Du 1er au 15 avril, publier le dernier avis de clôture de la liste d'inscription des jeunes gens qui désirent concourir pour l'admission à l'École impériale militaire et à l'École navale impériale.

Du 1er au 15 avril, visiter, avec l'agent-voyer ou le cantonnier, les chemins vicinaux, pour apprécier les dépenses à y faire et à proposer au conseil municipal dans la session de mai.

Faire annoncer la vérification des poids et mesures, s'il n'y a eu lieu plus tôt.

Achever la visite des fours et cheminées.

Publier l'itinéraire du conseil de révision.

SECONDE QUINZAINE.

Convoquer les commissions administratives des établissements auxquels la commune fournit une subvention, afin d'arrêter les budgets et comptes de l'année précédente, et de dresser les budgets de l'année suivante, le tout devant être soumis au conseil municipal dans la session de mai (fabriques, hospices, bureaux de bienfaisance, colléges communaux, ect.)

Convoquer le conseil municipal pour la session de mai.

LE 15 ET LE 30 AVRIL.

Envoi des mercuriales, si la commune possède un marché.

TRAVAUX DE MAI.

PREMIÈRE QUINZAINE.

Deuxième session ordinaire du conseil municipal, ayant pour objet capital le règlement du budget et la discussion de toutes les questions qui s'y rattachent.

Former les demandes de coupes extraordinaires dans les bois communaux.

Avant le 8 mai, envoyer le rapport sur le service administratif et de surveillance des prisons pendant le mois d'avril.

Remettre au receveur de l'enregistrement l'extrait des jugements de police ayant prononcé des amendes pendant ce même mois d'avril.

Envoyer l'état des sous-officiers et soldats qui se fixent dans la commune.

Prendre des arrêtés pour prévenir la destruction des oiseaux.

Publier et afficher la liste du contingent militaire arrêté d'après les décisions du conseil de révision.

La constatation des mutations se faisant ordinairement dans ce mois, donner avis aux habitants de la prochaine arrivée du contrôleur dans la commune.

SECONDE QUINZAINE.

Dans les communes où l'usage est de régler le moment de la fenaison dans les prairies non closes, arrêter et publier le ban.

Publier l'arrivée du contrôleur pour la constatation des mutations, si ce n'est déjà fait.

Prescrire l'élagage des haies et des arbres le long des chemins ruraux et autres.

LE 15 ET LE 30 MAI.

Envoi des mercuriales, pour les communes possédant un marché.

TRAVAUX DE JUIN.

PREMIÈRE QUINZAINE.

Avant le 8 juin, envoyer le rapport mensuel sur l'administration et la surveillance des prisons.

Envoyer l'état des sous-officiers et soldats qui se fixent dans la commune.

Remettre au receveur de l'enregistrement l'extrait des jugements de police qui ont prononcé des amendes pendant le mois de mai.

Prendre des arrêtés pour prévenir la multiplication des cas d'hydrophobie, pour fixer les lieux et heures où pourront être pris les bains de rivières, ainsi que pour prescrire les balayages, arrosages, écoulements d'eaux croupissantes et autres mesures de salubrité publique réclamées à l'occasion des chaleurs de l'été.

SECONDE QUINZAINE.

Dresser le tableau des individus à vacciner et prévenir ces individus ou leurs parents de l'arrivée des médecins.

Publier le ban de moisson, dans les communes où tel est l'usage.

Pour l'exercice des droits de panage dans les bois et forêts de l'Etat et des communes, envoyer à l'agent forestier local et au sous-préfet, avant le 30 juin, l'état des porcs que chaque habitant ayant droit possède.

LE 15 ET LE 30 JUIN :

Envoi des mercuriales.

TRAVAUX DE JUILLET.

PREMIÈRE QUINZAINE.

Présenter au visa du receveur de l'enregistrement le répertoire des actes sujets à l'enregistrement.—Lui fournir l'état des décès arrivés dans la commune pendant le deuxième trimestre.

Lui remettre l'extrait des jugements ayant prononcé l'amende pendant le mois de juin.

Envoyer au procureur impérial l'extrait des jugements de police ayant prononcé l'emprisonnement pendant le deuxième trimestre.

Envoyer au sous-préfet, avant le 8 juillet, le rapport mensuel sur les prisons.

Envoi trimestriel d'une expédition sur papier libre des actes de décès des membres de la Légion d'honneur, des décorés de la Médaille militaire et des pensionnaires de la marine.

Envoi trimestriel du certificat d'exercice de l'instituteur dans les communes qui reçoivent une subvention.

Remettre au commandant de gendarmerie l'état du prix moyen des fourrages et pailles pendant le deuxième trimestre.

Adresser les certificats d'existence des colons de Saint-Domingue.

Envoyer l'état des sous-officiers et soldats qui se fixent dans la commune.

Se faire remettre par le receveur municipal un état de situation de la caisse communale.

Établir un état-matrice de rôle supplémentaire, s'il y a lieu, pour les chiens imposables.

Prendre des arrêtés, s'il y a lieu, au sujet de l'hydrophobie.

Publier le ban de moisson, dans les communes où c'est l'usage, si ce n'est déjà fait.

Publier les arrêtés réglementant le glanage et la vaine pâture.

Visite des officines et magasins des pharmaciens et droguistes.

Inscription, avant le 15 juillet, des aspirants aux titres de sage-femme, herboriste et officier de santé.

SECONDE QUINZAINE.

Réunir les commissions administratives des établissements auxquels la commune fournit une subvention, afin d'arrêter leurs comptes et les mesures à soumettre au conseil municipal dans la session d'août.

Convoquer le conseil municipal pour cette session d'août.

La clôture de l'exercice pour mandatements des dépenses imputées sur les fonds de l'Etat se trouvant fixée au 31 juillet, envoyer avant cette époque les pièces justificatives pour secours accordés sur l'année précédente.

LE 15 ET LE 30 JUILLET :

Envoi des mercuriales, pour les communes possédant un marché.

TRAVAUX D'AOUT.

PREMIÈRE QUINZAINE.

Troisième session ordinaire du conseil municipal. — Approbation dans cette session de la liste des élèves à admettre gratuitement dans les écoles primaires publiques pendant l'année scolaire suivante. — Vote des fonds à consacrer à la fête nationale du 15 août.

Envoyer, avant le 8 août, le rapport mensuel sur l'administration et la surveillance des prisons.

Se faire remettre dans les dix premiers jours l'état de situation de la caisse communale.

Envoyer un rapport sur le produit des récoltes.

Envoyer l'état des sous-officiers et soldats qui se fixent dans la commune.

Remettre au receveur de l'enregistrement l'extrait des jugements de police ayant prononcé des amendes dans le cours du mois de juillet.

Convoquer les fonctionnaires publics pour la cérémonie du 15 août et prendre pour la célébration de la fête nationale toutes les mesures d'ordre pouvant être nécessaires.

Les membres des commissions administratives des établissements de bienfaisance se renouvelant chaque année par cinquième, les instructions ministérielles prescrivent la réunion de ces commissions à la date du 15 août pour la présentation de trois candidats par membre nouveau.

Arrêtés de police à prendre comme aux mois précédents.

Redoubler de surveillance pour les cas d'hydrophobie.

Afficher l'arrêté relatif à l'ouverture de la chasse.

SECONDE QUINZAINE.

Afficher l'arrêté relatif à l'ouverture de la chasse, dans le cas où cela ne serait pas fait dès la première quinzaine.

Envoyer les demandes de secours sur les fonds de l'État, ces demandes devant être parvenues à la sous-préfecture le premier septembre.

LE 15 ET LE 30 AOUT.

Envoi des mercuriales, si la commune possède un marché.

TRAVAUX DE SEPTEMBRE.

PREMIÈRE QUINZAINE.

Envoyer, le 1er septembre, la liste des candidats pour les fonctions administratives des établissements de charité.

Envoyer, avant le 8 septembre, le rapport sur les prisons.

Envoi d'un rapport sur le produit des récoltes.

Envoi de l'état des sous-officiers et soldats qui se fixent dans la commune.

Envoi du certificat de vie des enfants trouvés placés en nourrice dans la commune.

Bans de vendange dans les communes où l'usage a conservé cette publication.

Se faire remettre dans les dix premiers jours l'état de situation de la caisse communale.

Envoyer au sous-préfet l'état des feuilles de papier timbré présumées nécessaires pour les registres de l'état civil de l'année suivante.

Remettre au receveur de l'enregistrement l'extrait des jugements de police ayant prononcé des amendes durant le mois d'août.

Faire constater en présence des facteurs ruraux l'empreinte du timbre fixé à demeure dans la boîte aux lettres de chaque commune parcourue par eux.

SECONDE QUINZAINE.

Préparer les registres destinés à recevoir à dater du 1er octobre les déclarations des possesseurs de chiens.

LE 15 ET LE 30 SEPTEMBRE.

Envoi des mercuriales.

TRAVAUX D'OCTOBRE.

PREMIÈRE QUINZAINE.

Présenter au receveur de l'enregistrement, dans les dix premiers jours, le répertoire des actes sujets à l'enregistrement.

Lui fournir l'état des décès survenus dans la commune pendant le troisième trimestre .

Lui remettre l'extrait des jugements de police ayant prononcé des amendes pendant le mois de septembre.

Envoyer avant le 8 octobre le rapport mensuel sur les prisons.

Se faire remettre dans les dix premiers jours l'état de situation de la caisse communale.

Adresser le rapport sur le produit des récoltes.

Préparer le tableau de recensement, dont la publication aura lieu en janvier.

Adresser l'état nominatif trimestriel des pensionnés et décorés.

Envoyer l'état des sous-officiers et soldats qui se fixent dans la commune.

Envoyer au procureur impérial l'état des jugements de police ayant prononcé la peine de l'emprisonnement pendant le troisième trimestre.

Remettre au commandant de gendarmerie l'état du prix moyen des pailles et fourrages pendant ce même trimestre.

Envoi trimestriel du certificat d'exercice de l'instituteur si la commune reçoit une subvention.

SECONDE QUINZAINE.

Prendre, dans l'intérêt de la salubrité publique, les arrêtés relatifs au curage des fossés.

Prendre, dans l'intérêt de la viabilité, l'arrêté pour l'élagage des haies et des arbres bordant les chemins.

Envoyer à la sous-préfecture l'état des arbres morts ou manquants et à remplacer le long des routes.

Prendre l'arrêté autorisant le grappillage et la chasse dans les vignes.

Convoquer le conseil municipal pour la session de novembre.

LE 15 ET LE 30 OCTOBRE :

Envoyer les mercuriales, si la commune possède un marché.

TRAVAUX DE NOVEMBRE.

PREMIÈRE QUINZAINE.

Quatrième session ordinaire du conseil municipal.

Distribution des coupes affouagères aux ayants droit.

Se faire remettre un état de situation de la caisse municipale.

Envoyer, avant le 8 novembre, le rapport mensuel sur les prisons.

Remettre au receveur de l'enregistrement l'extrait des jugements de police qui ont prononcé des amendes dans le courant d'octobre.

Envoyer le rapport sur le produit des récoltes.

Envoyer l'état des sous-officiers et soldats qui se fixent dans la commune.

Publier le rôle des prestations en prévenant les contribuables que le délai d'option expirera le 30 novembre.

Réunion des maires au chef-lieu du canton, sur la convocation et sous la présidence du juge de paix, pour dresser les listes du jury.

SECONDE QUINZAINE.

Envoyer les renseignements propres à guider le préfet dans la fixation du prix des journées de travail, devant servir de base à l'application des amendes pour contraventions à la police rurale.

Faire visiter les fours et cheminées.

Faire les plantations communales.

LE 15 ET LE 30 NOVEMBRE :

Envoi des mercuriales, si la commune possède un marché.

TRAVAUX DE DÉCEMBRE.

PREMIÈRE QUINZAINE.

Envoyer, avant le 8 décembre, le rapport mensuel sur l'administration et la surveillance des prisons.

Remettre au receveur de l'enregistrement l'extrait des jugements de police qui ont prononcé des amendes durant le mois de novembre.

Distribuer les coupes affouagères aux ayants droit, si ce n'a été fait pendant le mois précédent.

Envoyer le dernier rapport sur le produit des récoltes.

Envoyer l'état des sous-officiers et soldats qui se fixent dans la commune.

Former le tableau de recensement.

Continuer la visite des fours et cheminées.

Envoyer les renseignements utiles pour la fixation du prix des journées de travail, si ce n'a été fait dans le mois précédent.

Prendre, s'il y a lieu, des arrêtés pour l'enlèvement des neiges et des glaces.

Se faire remettre par le receveur municipal l'état de situation de la caisse communale.

SECONDE QUINZAINE.

Achever le registre des déclarations des possesseurs de chiens.

Annoncer la vérification des poids et mesures, qui doit se faire ordinairement dans les premiers mois de l'année.

Envoyer, avant le 31 décembre, à l'agent forestier local, l'état des bestiaux que chaque usager possède, avec la distinction de ceux servant à l'usage du propriétaire et de ceux destinés au commerce.

Clôturer le registre des engagements volontaires et envoyer ceux reçus depuis le commencement de l'année jusqu'au 31 décembre.

Visiter, le 31 décembre, les enfants trouvés placés dans la commune.

LE 15 ET LE 30 DÉCEMBRE.

Envoyer les mercuriales, si la commune possède un marché.

NOTIONS ÉLÉMENTAIRES

SUR LE

DROIT PUBLIC

CONSTITUTIONNEL ET ADMINISTRATIF (1).

Le droit public, — par opposition au droit privé, — consiste dans l'ensemble des lois qui régissent notre société publique, c'est-à-dire des lois qui déterminent les rapports réciproques des administrateurs avec les administrés.

Comme toute société privée, la société nationale a ses droits et ses intérêts ; comme toute société privée, elle a besoin de gérants; il faut à ce *grand ménage* (ainsi qu'on l'a qualifiée avec raison) une administration, et cette administration (de l'Empereur au maire), n'est autre que l'État, personnifié dans ses agents pour faire valoir et sauvegarder ses droits, ses intérêts, ceux de tous les associés.

Les lois qui constituent l'administration publique et son action sont l'*expression* et la *définition*, par la société publique elle-même, des rapports des citoyens entre eux et des citoyens avec l'État.

Elles sont éparses dans le *Bulletin des lois* et parfois dans les édits de nos anciens rois.

(1) Les propositions contenues dans cet ouvrage sont le plus ordinairement la reproduction littérale des textes de lois avec intercalations destinées à en faire ressortir la portée; les solutions indiquées sont consacrées par la jurisprudence.

L'auteur, qui a pensé s'adresser principalement aux gens du monde, a cru pouvoir supprimer les renvois aux textes et arrêts pour ne pas en surcharger l'exposé didactique des matières traitées et consacrer à cet exposé tout l'espace dont il pouvait disposer.

Le champ qu'elles ouvrent à nos investigations est des plus vastes, le nombre de ces lois augmentant sans cesse avec la civilisation, parce qu'elles embrassent toutes les découvertes de l'industrie humaine. Nous devrons nous borner à les examiner dans ce qu'elles ont d'essentiel et de fondamental, et surtout en ce qu'elles déterminent et mettent en lumière notre organisation sociale.

Le droit public se divise en deux branches :

1° Le *droit constitutionnel*, qui s'entend de l'organisation générale et des attributs des pouvoirs de l'État ;

2° Le *droit administratif* proprement dit, comprenant l'organisation de détail, les droits et les devoirs des citoyens vis-à-vis de l'État, c'est-à-dire les rapports des gouvernants avec les gouvernés, par conséquence et par application des principes généraux posés dans le droit public constitutionnel.

Jetons d'abord un rapide coup d'œil sur le champ qui appartient au droit public constitutionnel.

DROIT CONSTITUTIONNEL.

Trois grands pouvoirs, essentiellement distincts, concourent à représenter l'État, ce sont : le Pouvoir législatif, — le Pouvoir exécutif, — le Pouvoir judiciaire.

Leur division est un caractère fondamental de notre système constitutionnel. Elle nous vient de Montesquieu, qui l'avait lui-même empruntée à l'Angleterre. Proclamée en 1790 comme premier principe d'ordre public, elle a été consacrée en dernier lieu par la constitution de 1852, qui nous régit actuellement.

§ Ier. — POUVOIR LÉGISLATIF.

Comme l'indique sa dénomination, le Pouvoir législatif consiste dans la puissance de faire les lois.

Ce Pouvoir est exercé par le Corps législatif, c'est-à-dire

par nos députés, sur l'initiative de l'Empereur et après projets préparés au Conseil d'État.

La mission des députés est en effet de discuter et voter les *lois* et l'*impôt*.

Lorsqu'une loi est rendue, le Sénat est appelé à reconnaître ou contester sa constitutionnalité; cette assemblée a donc simplement une sorte de *veto*, un droit d'enregistrement comme nos anciens parlements.

Puis, le projet de loi ayant passé par ces épreuves, il faut encore qu'il soit sanctionné et promulgué par l'Empereur.

En dehors des lois proprement dites, il y a des lois d'une espèce particulière : les sénatus-consultes, émanant du Sénat seul, sur son initiative ou celle de l'Empereur. Aux termes de l'art. 27 de notre Constitution, le Sénat peut en effet coopérer à des actes généraux qui ont force législative, sur des points non prévus par la Constitution ou sur les passages douteux de la Constitution; il peut, en outre, faire des règlements obligatoires pour les colonies et l'Algérie. (Ce sont les lois organiques de l'ancienne Charte.)

La loi rendue est devenue exécutoire, son application et son interprétation peuvent se faire de deux manières.

Son interprétation générale, pour le présent et pour l'avenir, n'appartient qu'à l'autorité législative elle-même.

Son interprétation spéciale ou doctrinale, son application à des espèces particulières, appartient aux agents et conseils du pouvoir exécutif et à ceux du pouvoir judiciaire; cette interprétation n'a de force que dans l'espèce pour laquelle elle est rendue.

Aujourd'hui, la dernière interprétation spéciale possible d'une loi est réservée à la Cour de cassation. Après deux arrêts de cassation successifs entre les mêmes parties et sur le même point litigieux, la Cour où l'affaire est renvoyée se trouve liée par l'arrêt de la Cour suprême.

Demandons-nous en passant à quel signe on peut reconnaître qu'un acte d'autrorité, de commandement, rentre dans la compétence du Pouvoir législatif ou dans celle du Pouvoir exécutif. En doctrine, on peut dire qu'une loi est nécessaire partout où il n'y a pas de point de départ, de loi préexistante à appliquer; il suffit, au contraire, d'un décret, d'un acte du Pouvoir exécutif, dès qu'il existe déjà un texte, dès qu'il s'agit simplement de réglementer des cas spéciaux rentrant dans les prévisions ou dans la portée naturelle d'une loi établie. — Il y a, d'ailleurs, certaines catégories d'actes entièremeent et expressément réservés au Pouvoir législatif, comme l'établissement des peines (art. 4 du Code pénal), la dévolution des biens et ce qui touche à l'état des personnes.

§ II. — POUVOIR EXÉCUTIF.

Le Pouvoir exécutif appartient, d'après l'art. 6e de notre Constitution, à l'Empereur, qui l'exerce sous plusieurs formes:

1° *Décrets* simples, émanant de l'Empereur seul, sur le rapport d'un Ministre;

2° *Règlements d'administration publique*, rendus par l'Empereur en Conseil d'État;

3° *Décrets* rendus *en forme de règlements d'administration publique.*

Tous ces actes doivent être insérés au *Bulletin des lois*, sauf les décrets spéciaux, personnels, qui sont simplement adressés aux personnes qu'ils intéressent.

Le Pouvoir exécutif a la direction de l'administration proprement dite. Nous verrons plus loin comment cette direction s'exerce par l'intermédiaire des Ministres, du Conseil d'État et des autres agents et conseils administratifs.

§ III. — POUVOIR JUDICIAIRE.

La puissance judiciaire, bien qu'elle soit distincte du Pouvoir exécutif, peut être considérée comme une variété de ce pouvoir, dont elle n'est pas complétement indépendante : aussi peut-on dire qu'il y a le Pouvoir *exécutif administratif* et le Pouvoir *exécutif judiciaire.*

Ce dernier comprend de son côté :

1° La justice judiciaire, ou celle déléguée à l'ordre judiciaire ;

2° La justice administrative, ou celle retenue par le Pouvoir exécutif.

La justice judiciaire vient se résumer à son sommet dans la Cour de cassation (qui a succédé au *conseil privé des parties*, de l'ancienne monarchie). — Le Corps législatif n'a plus le droit de connaître du pourvoi contre les jugements des Cours et tribunaux, ni des demandes en révision ou en réhabilitation des condamnations civiles ou criminelles.

Lorsque des conflits d'attributions s'élèvent entre les tribunaux judiciaires et les corps administratifs, le supérieur commun appelé à résoudre ces conflits est l'Empereur, qui exerce ce droit en Conseil d'État. — L'Empereur règle aussi, en Conseil d'État, les conflits entre l'autorité civile et l'autorité ecclésiastique, par la voie appelée *appel comme d'abus.*

Quand une des parties, dans une contestation judiciaire, présente un moyen tiré d'un acte de l'autorité administrative, le tribunal doit-il renvoyer l'affaire à l'administration pour provoquer son interprétation sur l'acte émané d'elle ? Des auteurs l'ont soutenu, mais la jurisprudence n'a pas admis cette opinion. Elle décide que les tribunaux judiciaires ont le droit d'examiner si le moyen invoqué est sérieux et fondé, ou si au contraire il n'est qu'un moyen de chicane, et de passer outre dans ce dernier cas.

Signalons, en terminant ce paragraphe, les différences saillantes qui existent entre l'autorité administrative et l'autorité judiciaire.

L'autorité administrative a, de plus que l'autorité judiciaire, le droit de faire des règlements. (Loi du 10 juillet 1837.)

Elle peut faire naître des droits et intervertir des droits antérieurs, tandis que les tribunaux judiciaires ne peuvent qu'attribuer des droits préexistants.

Elle peut statuer d'office, tandis que l'autorité judiciaire ne peut juger que les causes portées devant elle.

Les tribunaux judiciaires sont tenus de résoudre les contestations qui leur sont soumises; l'autorité administrative, au contraire, conserve son libre arbitre, elle peut statuer ou non.

Les décisions des tribunaux judiciaires, après épuisement des voies de recours, sont irrévocables; elles acquièrent l'*autorité de la chose jugée;* — les actes administratifs, au contraire, peuvent toujours être rapportés, réformés, modifiés.

Les membres de l'ordre judiciaire, sauf les juges de paix, sont inamovibles; ceux de l'ordre administratif sont révocables à volonté.

DROIT ADMINISTRATIF.

L'administration réside dans l'accomplissement régulier des services publics.

Elle se produit dans ses développements successifs sous trois formes différentes.

Elle est en effet :

Ou active;

Ou consultative;

Ou contentieuse.

L'administration active est :

Ou *centrale*, ayant pour chef l'Empereur, aidé de ses Ministres;

Ou *départementale*, ayant pour chef le préfet ;

Ou *communale*, ayant pour chef le maire.

L'administration consultative se compose :

Du Conseil d'État, au sommet de la hiérarchie ;

Du conseil de préfecture et du conseil général pour le département ;

Du conseil d'arrondissement, complétant le conseil général ;

Du conseil municipal, pour la commune.

Les juges administratifs sont :

Au premier degré, les conseillers de préfecture ;

Au second degré, les conseillers d'État ;

Et très-exceptionnellement, les maires, les préfets, les Ministres.

Étudions les attributions de chacun de ces pouvoirs, en passant successivement de l'État au département et à la commune.

SECTION Ire.

Administration centrale ou supérieure

(Ou Gouvernement, comprenant l'Empereur, les Ministres, le Conseil d'État).

§ Ier. — ATTRIBUTIONS DE L'EMPEREUR.

Le chef de l'État possède des prérogatives politiques et administratives dont les principales, aux termes de la Constitution de 1852, consistent dans :

1° L'initiative des lois, avec droit de les promulguer, ainsi que les sénatus-consultes ;

2° La direction des relations internationales ;

3° La nomination aux emplois ;

4° Le commandement des armées de terre et de mer ;

5° Les décrets et règlements nécessaires pour l'exécution des lois ;

6° Le jugement en dernier ressort du contentieux en Conseil d'État.

Nous n'avons pas à nous occuper ici des actes qui sont du domaine politique et qui s'exercent dans la plénitude de l'initiative gouvernementale. Nous nous occuperons seulement des actes purement administratifs, dont la réformation peut toujours être demandée par la voie du recours contentieux.

Les *décrets* simples, rendus sur la proposition d'un ministre, prononcent des nominations ou des révocations, statuent sur des récompenses à accorder, etc. Quelques-uns ont un caractère réglementaire, en ce qu'ils déterminent de quelle manière tels services doivent être effectués. Ils sont contre-signés par le Ministre dans département duquel se trouve le service réglé.

Les *règlements d'administration publique* sont rendus, comme on l'a déjà dit, *le Conseil d'État entendu.*

Les *décrets rendus dans la forme des règlements d'administration publique* ne doivent pas être confondus avec les précédents ; n'ayant pas comme eux un caractère de généralité, ils pourvoient seulement à des détails d'exécution. Ils sont spéciaux, mais rendus, comme les précédents, *le Conseil d'État entendu.* Tels sont, par exemple, ceux qui statuent sur les sociétés commerciales.

Quant aux décrets *rendus au contentieux*, leur examen trouvera sa place sous le paragraphe consacré aux attributions du Conseil d'État.

§ II. ATTRIBUTIONS DES MINISTRES.

Les Ministres sont des agents dépendant directement et uniquement du chef de l'État, qui les admet dans sa confiance comme auxiliaires pour administrer les affaires de l'État.

Comme l'indique leur dénomination, ils sont les serviteurs de la couronne. — On les appelle aussi secrétaires d'État.

Ils ont une double qualité : ils font des actes de pure administration et des actes de contentieux administratif ; en d'autres termes, ils sont administrateurs et juges.

En leur qualité d'administrateurs, ils font des règlements, émettent des instructions ou circulaires, prennent des décisions, passent les marchés de l'État.

Les *règlements ministériels* ne doivent pas être confondus avec les règlements d'administration publique, qui sont des décrets impériaux. Ils interviennent ordinairement en vertu d'une loi, pour procurer l'exécution de la loi elle-même ou d'un règlement d'administration publique ; ils contiennent, par suite d'une délégation du pouvoir législatif ou du pouvoir exécutif, la réglementation de certaines affaires déterminées, de certains détails que la loi n'a pu donner.

Les *instructions ministérielles* développent des ordres donnés par le Ministre ; elles expliquent le sens de la loi. Tantôt elles sont *individuelles* et s'adressent spécialement à un fonctionnaire public ; tantôt elles s'adressent à différents fonctionnaires pour un objet de même nature et sont alors rédigées dans la forme de *circulaires*. — Ces actes sont obligatoires pour les agents auxquels ils s'adressent ; mais ils ne le sont pour les citoyens qu'autant qu'ils sont en parfait accord avec la loi, car le citoyen doit obéissance à la loi elle-même. Dans les cas douteux, les circulaires sont, pour les administrés comme pour les tribunaux, de simples opinions à consulter et à prendre en considération ; elles sont par suite inattaquables au contentieux.

Les *décisions ministérielles*, à la différence des règlements, ont un caractère de spécialité. Si, dans une affaire où il a un pouvoir discrétionnaire, le Ministre accorde ou refuse, il rend une décision. Tel est le cas de la demande en autorisation pour l'établissement d'une industrie réglementée.

Les Ministres peuvent transiger en matière financière ; ils ne le peuvent sur les immeubles de l'État.

Comme agents de l'État, ils peuvent se pourvoir en son nom devant le Conseil d'État.

Ils sont ordonnateurs des dépenses publiques, c'est-à-dire qu'ils délivrent des mandats pour le paiement de ces dépenses. Quelquefois ils délèguent des ordonnateurs inférieurs qui délivrent les mandats en leur nom.

Chaque Ministre étant, dans son département, liquidateur de la dette publique, aucune dette ne peut être liquidée à la charge de l'État que par un Ministre ou son mandataire. — L'État ne peut d'ailleurs être constitué débiteur qu'en vertu d'une décision du Corps législatif, parce qu'il est regardé comme étant en minorité perpétuelle, principe consacré par la Constitution du 22 frimaire an VIII.

Il en faut tirer les conséquences suivantes :

1° Les tribunaux sont incompétents pour mettre une dette à la charge du Trésor. (Arrêté du Directoire, du 2 germ. an V.)

2° Les conseils de préfecture sont également incompétents à ce sujet, *sauf les exceptions prévues par des textes de lois.*

3° Les Ministres ont seuls le pouvoir de faire l'application des lois de déchéance introduites dans l'intérêt de l'État. (Loi du 29 janvier 1831, art. 9, délai de 5 années fixé aux créanciers.) Les tribunaux ne sont point compétents pour prononcer les déchéances ou pour ordonner le paiement dans le délai fixé.

C'est seulement à titre exceptionnel que les Ministres sont *juges*, et c'est contraire au droit commun, qui ne permet pas qu'on soit appelé à juger soi-même des affaires qu'on a dirigées. Aussi faut-il poser en principes :

1° Que les Ministres ont le droit de juridiction contentieuse seulement dans les circonstances où la loi s'en exprime d'une manière précise ;

2° Que dans tous les cas où ce droit de juridiction ne leur est pas formellement attribué, la forme adoptée par le réclamant et le mode adopté par le Ministre pour faire droit au réclamant ne peuvent faire admettre que le Ministre a procédé comme juge. Il n'y a qu'une pure décision et non un jugement.

Dans les premiers cas, au contraire, le Ministre agissant comme juge, sa décision a l'autorité et les caractères d'un véritable jugement ; elle emporte hypothèque.

Cette juridiction des Ministres, statuant en premier ressort, a du reste ses avantages. Cela épargne beaucoup d'affaires au Conseil d'État, et, si ces affaires parviennent à lui, ayant déjà subi une première instruction et une première décision, elles sont plus faciles à résoudre.

Il est très-important de distinguer cette juridiction contentieuse accordée aux Ministres du pouvoir purement administratif qui leur est confié. Les actes se rapportant à la juridiction contentieuse peuvent toujours être l'objet d'un recours au Conseil d'État; ceux de pure administration ne souffrent aucun recours, si ce n'est peut-être à l'Empereur, par voie de simple pétition.

La juridiction contentieuse accordée aux Ministres se réfère généralement à la liquidation des dettes de l'État et aux contestations relatives aux fournitures faites aux ministères.

Il ne faut pas confondre les *marchés de fournitures* avec les *marchés de travaux publics*, pour lesquels les conseils de préfecture sont seuls compétents. Si les Ministres ont juridiction dans le premier cas sans l'avoir dans le second, cela tient à ce que, le plus souvent, la célérité est nécessaire en matière de fournitures publiques, comme, par exemple, lorsqu'il s'agit des objets d'équipement, des vivres et des munitions d'une armée.

Pour l'introduction et l'instruction des affaires dans lesquelles les Ministres prononcent comme juges, il n'existe pas de formes légalement tracées. Il faut en conclure qu'un pouvoir discrétionnaire leur est conféré sur ce point. A défaut de procédure uniforme et constante, les affaires sont généralement instruites sur mémoires dans les bureaux, qui, pour chaque ministère, ont leurs traditions et leurs habitudes.

Les jugements sont rendus dans la forme des *arrêtés* ministériels.

On peut les attaquer devant le Conseil d'État par la voie de l'appel ou celle de l'opposition.

Le droit de former opposition en cette matière repose uniquement sur la jurisprudence du Conseil d'État, aucune loi n'ayant réglé ce point. — Nul délai n'étant fixé pour cette voie de recours, il s'ensuit qu'on peut l'employer tant que l'exécution n'a pas eu lieu.

Quant au délai de l'appel, il est de trois mois à partir de la notification de la décision. (Règlement du 22 juillet 1806.)

La voie de la requête civile, c'est-à-dire le recours du Ministre au Ministre mieux informé, n'est pas admissible contre l'arrêté ministériel, parce que cet arrêté est toujours pris en premier ressort. (Art. 480 Proc.)

La juridiction des Ministres ne peut être éludée par des clauses insérées dans les traités, attendu que les juridictions sont d'ordre public. Des clauses ayant pour but d'y déroger seraient considérées comme nulles et non avenues. Telle est en effet la jurisprudence constante du Conseil d'État.

§ III. ORGANISATION ET ATTRIBUTIONS DU CONSEIL D'ÉTAT.

De tout temps il y a eu auprès des rois de France un conseil destiné à régler les points difficiles de l'administration.

— Le nombre des affaires ayant augmenté avec le développement de la civilisation, le conseil royal s'est divisé en deux branches : le *conseil commun*, qui devint depuis le parlement ; le *conseil d'État du roi*, qui, après bien des variations dans ses attributions, est devenu notre Conseil d'État actuel.

Ce conseil se compose aujourd'hui de la manière suivante :

1 président (autrefois vice-président) ;
40 à 50 conseillers en service ordinaire ;
Conseillers d'État ordinaires, hors section, dont le nombre ne peut excéder 15 ;
20 conseillers en service extraordinaire ;
40 maîtres des requêtes, divisés en deux classes de nombre égal ;
40 auditeurs divisés de même ;
1 secrétaire général, ayant rang de maître des requêtes.

Les Ministres à portefeuille ont le droit d'assister aux séances du Conseil d'État et de prendre part au vote.

Le Conseil d'État peut être présidé par l'Empereur.

Le président titulaire préside également, quand bon lui semble, les différentes sections entre lesquelles se répartissent les affaires (section du contentieux, section des finances, section des travaux publics, etc.).

Les conseillers d'État en service ordinaire *hors section* ne reçoivent aucun traitement ou indemnité. Ce sont des personnes dont l'avis peut être utile pour éclairer le Conseil d'État et prises le plus souvent parmi les hauts fonctionnaires spéciaux, comme le directeur général des douanes.

Les conseillers d'État en service extraordinaire sont des conseillers ordinaires ou hors section qui ont cessé leurs fonctions. Ce sont les conseillers *honoraires* de l'ancienne monarchie. Ils ne font pas habituellement partie du Conseil d'État, mais ils peuvent être convoqués par l'Empereur à des assemblées générales.

Les conseillers d'État ont un rang supérieur à celui des maîtres des requêtes et un traitement plus élevé.

Les auditeurs sont placés là pour se former aux affaires administratives ; ils peuvent faire des rapports et prendre part aux travaux du conseil.

Les maîtres des requêtes ont voix consultative dans toutes les assemblées et voix délibérative quand ils font un rapport.

Le Conseil d'État possède trois sortes d'attributions : politiques ; — administratives ; — contentieuses. Mais il n'a pas de pouvoir propre ; il est, entre les mains de l'Empereur, un instrument de législation, d'administration, de jugement du contentieux. (Décret du 25 janvier 1852.)

Il prépare les projets de loi et en soutient la discussion. Il prend part à la confection des règlements d'administration publique.

Il est des actes sur lesquels le Gouvernement *peut* consulter le Conseil d'État ; il en est d'autres sur lesquels le Gouvernement *doit* le consulter. L'Empereur et les Ministres peuvent d'ailleurs toujours lui demander de simples avis qui ne sont nullement obligatoires.

Les anciens avis, insérés au *Bulletin des lois*, sont considérés par la jurisprudence comme ayant force législative, parce qu'ils ont tous été approuvés par le Gouvernement du Consulat et du premier Empire.

Aujourd'hui les avis du Conseil d'État approuvés par l'Empereur ont la force des décrets impériaux.

Pour les *règlements d'administration publique*, il y a obligation de la part du Gouvernement de consulter le Conseil d'État. Il en est de même pour les décrets *en forme de règlements d'administration publique.* — L'omission de la délibération du Conseil d'État ouvrirait un recours contentieux devant lui.

Le Conseil d'État connaît des affaires administratives qui lui sont déférées par le Gouvernement ou par la loi. (Décret du 25 janvier 1852.) Il connaît des *appels comme d'abus*, des demandes en autorisation de poursuites contre les agents du Gouvernement et des affaires de haute police administrative. — Il résulte des termes d'un décret du 11 juin 1806 que le Gouvernement a le droit de faire examiner la conduite d'un fonctionnaire par le Conseil d'État.

La plus importante des attributions du Conseil d'État consiste dans le jugement des affaires contentieuses administratives.

Expliquons ce qu'il faut entendre par contentieux administratif.

Le Pouvoir administratif se produit avant tout sous forme d'action, c'est-à-dire en réglementant. Mais ses actes sont soumis à certaines conditions et formalités établies pour la garantie des citoyens, dont ils peuvent rencontrer et froisser les droits. Si ces conditions n'ont pas été remplies, les intéressés ont la faculté de réclamer contre l'acte qui les lèse et de susciter ainsi une sorte de procès qu'on appelle le *contentieux* ou le *recours contentieux*. — Mais il arrive aussi que certains actes de l'administration sont des attributs de son pouvoir discrétionnaire et ne peuvent donner lieu à aucun débat ; ce sont les actes de pure administration.

L'administration se produit donc tantôt en agissant, en portant des commandements, tantôt en statuant sur les réclamations que ses commandements ont fait naître. C'est l'*administration pure* dans le premier cas, l'*administration contentieuse* dans le second.

Les matières de pure administration sont généralement traitées par les Ministres, qui statuent seuls.

Les affaires contentieuses sont portées au Conseil d'État et jugées en séance publique, sur les conclusions du ministère public et les plaidoiries des avocats. — Toutefois le Conseil d'État, n'ayant pas de pouvoir propre, ne fait que préparer les décisions, lesquelles sont réputées rendues par l'Empereur.

Il est utile de poser quelques règles qui nous aideront à distinguer les matières de pure administration des matières contentieuses.

Première règle. — Les affaires qui consistent plutôt dans le commandement que dans le jugement rentrent dans l'administration pure ; celles qui ressortissent plus à un tribunal qu'à un chef suprême rentrent au contraire dans le contentieux.

Exemples. — L'autorité administrative est chargée du curage des rivières ; c'est de la pure administration. Mais les réclamations des intéressés contre la répartition des frais de ce curage, à faire supporter par les riverains, sont de nature contentieuse. — Même observation pour l'assèchement des mines.

Deuxième règle. — Les actes qui sont confiés au pouvoir discrétionnaire de l'autorité administrative sont de pure administration.

Exemples. — L'Empereur délivre les brevets d'imprimeurs, et ces brevets ne passent pas nécessairement aux héritiers des titulaires. Si les héritiers sollicitent la continuation de ces brevets, l'Empereur peut l'accorder ou la refuser : il use en ce cas d'un pouvoir discrétionnaire et fait acte de pure administration. — Tel est encore le droit de révoquer les officiers ministériels, droit attribué au Gouvernement *sans condition* par un règlement du 30 mars 1808.

Troisième règle. — Un acte de l'autorité administrative est discrétionnaire quand il lèse un simple intérêt ; il est de nature contentieuse s'il lèse un droit véritable.

Exemples. — Si le Gouvernement destitue un fonctionnaire amovible (tel qu'un maire, un préfet), il n'y a qu'un simple intérêt lésé, nul n'ayant droit acquis à des fonctions auxquelles est attachée la révocabilité ; en ce cas aucun recours n'est possible devant le Conseil d'État. — Si au contraire le Gouvernement destituait un officier militaire sans un jugement préalable du conseil d'enquête militaire, cet officier, qui a le droit de n'être destitué qu'après ce jugement, se trouverait lésé non-seulement dans ses intérêts, mais encore dans son droit ; dès lors un recours contentieux lui serait ouvert.

Lorsqu'un propriétaire de bois demande la permission de défricher et que le Gouvernement lui refuse cette autorisation, il peut être lésé dans son intérêt, mais il n'a aucun recours devant le Conseil d'Etat ; les lois ne lui donnant sous aucune condition le droit de défricher, ce droit est entièrement réservé au bon plaisir de l'administration.

Quatrième règle. — L'omission des formes établies par la loi peut faire dégénérer un acte de pure administration en un acte ressortissant au Conseil d'État.

Exemples. — Les conseils généraux peuvent déclarer un chemin vicinal chemin de grande communication, et les communes traversées par ce chemin ne peuvent réclamer quand leurs conseils municipaux ont été préalablement consultés ; si l'on a omis de consulter d'abord les conseils municipaux, les communes qui se trouvent lésées peuvent réclamer, parce que la loi leur donne le droit d'être entendues.

Il en de même en matière de desséchement de marais ; si les formes prescrites par la loi de 1807 n'ont pas été préalablement observées, les propriétaires de marais peuvent réclamer devant le Conseil d'État.

Cinquième règle. — Sont de pure administration les arrêtés et règlements ordinaires ayant pour but des mesures de police.

Sixième règle. — Sont également de pure administration les actes de simple tutelle administrative.

Exemple. — Une commune ne peut plaider sans l'autorisation du conseil de préfecture. Le refus de cette autorisation peut léser les intérêts de la commune ; néanmoins on ne peut réclamer contre ce refus, parce que le conseil de préfecture ne fait en cela qu'un acte de tutelle administrative et use alors d'un pouvoir discrétionnaire.

Septième règle. — Les questions qui se rattachent aux traités diplomatiques ou aux mesures exclusivement politiques ne peuvent faire l'objet d'une réclamation au contentieux. On conçoit de suite la nécessité de cette règle tout exceptionnelle et fondée sur des considérations d'un haut intérêt politique.

En résumé, toutes ces règles peuvent se réduire à une seule : un acte est *discrétionnaire*, de *nature purement administrative*, quand il lèse un simple *intérêt ;* — il est de nature *contentieuse*, quand il lèse un *droit* consacré par la loi. — La septième règle pourrait seule apporter quelquefois une exception à ce principe général.

Passons rapidement en revue les principales affaires rentrant dans les attributions du Conseil d'État, soit à titre d'administration pure, soit en matière contentieuse.

Conflits.

Le Conseil d'État statue sur les conflits d'attribution, c'est-à-dire sur la lutte qui peut naître entre l'autorité *administrative* et l'autorité *judiciaire*, au sujet d'une affaire que l'une et l'autre se déclareraient compétentes à juger.

Les conflits doivent-ils être rangés dans la catégorie des matières contentieuses ou dans celle des actes de pure administration ? — D'une part, on peut dire que les débats créés à cette occasion entraînant une sorte de trouble pour la paix publique, le Gouvernement fait un acte de haute administration en réglant les conflits. — D'un autre côté, les parties ont intérêt à être plutôt jugées par une autorité que par une autre, puisqu'elles ont saisi un tribunal plutôt qu'un autre. Leur intérêt privé et l'intérêt général d'ordre public mis en balance, impriment aux conflits un caractère mixte qui les rattache autant aux affaires de pure administration qu'aux affaires contentieuses. Quoi qu'il en soit de leur nature, les conflits, aux termes du décret du 25 janvier 1852, sont instruits par la section du contentieux et jugés par le Conseil d'État séant au contentieux.

Règlement des questions de compétence.

Une autre attribution du Conseil d'État, qui a la plus grande analogie avec le jugement des conflits, est le règlement des questions de compétence élevées *au sein de l'ordre administratif*. Le Conseil d'État est le supérieur commun des autorités administratives et a droit de juridiction sur elles. Ce pouvoir du Conseil d'État, en matière de questions de compétence, se justifie par l'art. 50 de la Constitution de 1852 et par l'art. 1er du décret du 25 janvier 1852.

Excès de pouvoir.

Le Conseil d'État prononce sur les décisions administratives arguées d'excès de pouvoir. (Loi des 7 et 14 oct. 1790.) Cette attribution diffère du règlement des questions de compétence en ce qu'elle suppose un acte unique, tandis que la question de compétence se rapporte à deux décisions.

Les plaintes, sur ce sujet, doivent être adressées à l'Empereur en son Conseil d'État.

Violation de la loi.

Le Conseil d'État fait l'office de Cour de cassation par rapport à certains corps administratifs, comme la Cour des comptes, les jurys des gardes nationales, lorsqu'ils ont violé la loi.

4

La jurisprudence restreint cette attribution aux cas prévus par des lois spéciales et ne décide pas d'une manière générale que le Conseil d'État doive statuer sur tous les cas où des actes administratifs ont pu violer la loi.

Appel des décisions administratives contentieuses.

Le Conseil d'État est tribunal d'appel par rapport aux autorités administratives qui jugent le contentieux au premier degré.

I. — Les conseils de préfecture jugent *toujours en premier ressort*. Une loi du 13 avril 1850, sur les logements insalubres, semble seule leur accorder le droit de juger en dernier ressort. Cette loi n'est pas en harmonie avec les principes généraux.

II. — Les Ministres ne jugent pas non plus le contentieux en dernier ressort. On peut *toujours* appeler de leurs décisions au Conseil d'État.

III. — Les préfets ont, dans quelques cas, à rendre des décisions dont l'appel, au lieu d'être porté devant les Ministres, doit être porté au Conseil d'État.

IV. — Les conseils privés des colonies sont de véritables conseils de préfecture ; on peut *toujours* appeler de leurs décisions devant le Conseil d'État.

V. — Il y a des commissions spéciales administratives instituées dans certains cas par des lois particulières et qui tiennent lieu de conseils de préfecture. (Voy. loi du 16 septembre 1807.) Leurs décisions sont de même susceptibles d'appel au Conseil d'État.

Interprétation des actes du Gouvernement.

Le Conseil d'État statue sur l'interprétation des actes du Gouvernement lorsque cette interprétation lui est réservée ; mais il ne le fait que sur le renvoi des tribunaux ou à l'occasion d'une contestation. Il ne recevrait pas une demande en interprétation émanant d'une seule partie, parce qu'il n'est pas chargé de donner des consultations, mais seulement de statuer sur des débats.

Décisions du Conseil d'État.

Ces décisions, sous le rapport de leur forme, sont des *décrets.* On les appelle dans la pratique, lorsqu'il s'agit de la solution des affaires contentieuses, *arrêts du Conseil d'État*, parce que ce sont de vrais jugements, produisant l'autorité de la chose jugée, emportant hypothèque judiciaire et exécution parée.

Procédure en matière contentieuse.

Les formes de cette procédure sont réglées par un décret du 22 juillet 1806, qui est le Code de procédure du Conseil d'État. Mais ce décret offre quelques lacunes, et la jurisprudence y supplée en empruntant assez fréquemment des dispositions au Code de procédure civile.

Le ministère des avocats est ordinairement obligatoire devant le Conseil d'État. — Les *avocats au Conseil d'État* ont (comme les avoués pour les tribunaux civils) le monopole des contestations qui y sont portées; mais il ne paraît pas *en droit* qu'ils doivent avoir le monopole des plaidoiries qu'ils ont à la vérité *en fait.* — Leurs charges sont vénales comme celles des avoués.

SECTION II.

Administration départementale.

Chaque département n'est pas seulement une circonscription administrative, mais forme, comme l'État et comme la commune, une corporation civile, capable d'acquérir et de posséder. — Il en est autrement de l'arrondissement et du canton, qui sont de simples circonscriptions administratives et n'ont ni biens ni budgets.

§ Ier. — ATTRIBUTIONS DU PRÉFET.

Le préfet se trouve investi de la plénitude de l'action administrative dans le département, et l'exerce seul.

En cas d'absence, il peut déléguer ses fonctions à un conseiller de préfecture ou au secrétaire général. S'il sort du département, cette délégation doit être approuvée par le Ministre. — Dans l'un et l'autre cas, à défaut de délégation formelle, le préfet doit être remplacé de droit par le plus ancien conseiller de préfecture.

Le préfet a une triple qualité :

1° Il est *délégué de la loi* pour l'exécution des lois et règlements et la publication des lois d'urgence. C'est encore à ce titre qu'il rend exécutoires les rôles des contributions directes et participe à l'exécution de la police judiciaire dans l'intérêt de la sûreté générale.

2° Il est *délégué du pouvoir central* pour l'exécution des mesures politiques.

3° Enfin il est *délégué du département ;* à ce dernier titre, il a l'initiative du budget départemental ; il représente le département dans tous les actes de sa vie civile et suit ses actions.

Il y a plusieurs cas spéciaux dans lesquels la loi attribue aux préfets le droit de prendre des arrêtés généraux. Par exemple, ils peuvent fixer l'époque de l'ouverture et de la clôture de la chasse, ainsi que les modes de chasser le gibier de passage et les animaux nuisibles. Ils ont de même le droit de fixer les temps, saisons et heures de la pêche dans les rivières navigables. — Les lois du 21 avril 1836, sur les chemins vicinaux, et du 15 juillet 1845, sur la police des chemins de fer, nous offrent d'autres cas analogues.

Les arrêtés réglementaires des préfets doivent être publiés et affichés pour être obligatoires. Quant aux arrêtés qui concernent un intérêt individuel, il suffit qu'ils soient notifiés aux intéressés. — Aucune règle n'est établie pour constater la publication; il suffit que le fait soit attesté par les agents de l'administration qui y ont pourvu.

Lorsque le préfet doit statuer en conseil de préfecture, il n'en agit pas moins seul et sous sa propre responsabilité, car il n'est point lié par l'avis du conseil de préfecture dans les mesures qu'il prend. — (Il en est de même de l'Empereur statuant en Conseil d'État.)

Il ne faut pas confondre les arrêtés du conseil de préfecture avec les arrêtés du préfet en conseil de préfecture. Ces derniers sont inscrits sur le registre des arrêtés préfectoraux et sont susceptibles d'être cassés par le Ministre; les autres, au contraire, sont inscrits sur le registre des décisions du conseil de préfecture et relèvent du Conseil d'État.

On peut *toujours*, et *pour quelque grief que ce soit*, recourir au Ministre contre les arrêtés des préfets. Aucun délai, aucune forme spéciale; le pourvoi a lieu par simple lettre ou pétition.

On peut aussi, tant qu'il n'y a pas droit acquis, né d'un acte préfectoral, appeler du préfet au préfet mieux informé, par voie de simple pétition.

Les pouvoirs d'un préfet ne s'étendent pas au delà du territoire de son département. C'est par application de ce principe qu'on admet, lorsqu'un aliéné a été placé par un préfet dans un établissement d'un autre département, que la sortie de cet aliéné ne peut être ordonnée que par le préfet du lieu où est situé l'asile. — Quand une rivière sert de limite entre deux départements, la police de cette rivière appartient aux préfets des deux départements, chacun jusqu'à la ligne médiale. (Loi du 26 février 1790.)

§ II. — ATTRIBUTIONS DU CONSEIL DE PRÉFECTURE.

Le conseil de préfecture est chargé du pur contentieux et forme près du préfet une sorte de bureau officiel de consultation pour les cas douteux; le préfet, d'ailleurs, est *tenu, en certains cas*, de requérir son avis.

Les conseillers de préfecture, dont le nombre a été réduit à trois ou quatre, selon l'importance des départements, sont nommés par l'Empereur, et révocables à son gré.

Le préfet est membre de droit du conseil de préfecture, mais sans compter dans le nombre de conseillers fixés pour le département. Il est président de droit, avec voix prépondérante en cas de partage, même en matière contentieuse.

Le conseil de préfecture ne peut valablement délibérer s'il n'y a au moins trois membres présents, en y comprenant le préfet.

Si, en l'absence du préfet, il y a partage, on appelle un membre du conseil général du département, mais à l'exclusion des membres de l'ordre judiciaire qui en feraient partie.

Si le préfet est absent du département, le conseiller de préfecture qui le remplace a, comme lui, voix prépondérante au conseil.

Le conseil de préfecture a des fonctions d'une double nature : de pure administration et de contentieux. Il a une assez grande analogie avec le Conseil d'État, puisqu'il est, comme lui, placé auprès d'un agent administratif pour l'éclairer et préparer ses décisions ; mais il diffère essentiellement du Conseil d'État, en ce qu'il exerce dans beaucoup de cas un pouvoir propre et rend des décisions propres. La raison de cette différence est facile à saisir : le Conseil d'État ne doit jamais dominer l'Empereur ; au contraire, le conseil de préfecture, qui ne statue pas en dernier ressort, peut sans inconvénient se trouver parfois entièrement indépendant du préfet.

Administration pure.

En matière de pure administration, le préfet *peut toujours* consulter le conseil de préfecture. Il *doit* nécessairement le consulter toutes les fois qu'un texte de loi ou règlement l'exige, en déclarant qu'il doit statuer en conseil de préfecture, comme lorsqu'il s'agit d'accorder l'autorisation de plaider aux communes et aux établissements publics. — Le conseil de préfecture doit encore délibérer sur l'homologation de mainlevée d'inscription d'hypothèque donnée par des hospices ou autres établissements publics.

Il est, en outre, des cas où le conseil de préfecture est simplement appelé à émettre un *avis*, sauf au préfet à en tenir tel compte qu'il voudra. C'est ce qui arrive, par exemple, pour le cas d'autorisation à donner aux transactions consenties par les communes.

Contentieux.

Les attributions les plus importantes du conseil de préfecture sont celles qui ont rapport au contentieux. Elles portent sur des objets de contestations qu'on peut ranger dans quatre catégories :

1° Contributions directes ;

2° Travaux publics ;

3° Grande voirie ;

4° Domaines nationaux.

Donnons quelques explications sur chacune de ces matières.

I. — La loi des 7 et 11 septembre 1790 avait attribué aux directoires de districts et de départements les plaintes élevées au sujet des impôts. La loi de l'an VII a conservé la juridiction en cette matière aux conseils de préfecture, mais en leur enlevant le droit de juger en dernier ressort.

Les réclamations dont connaissent les conseils de préfecture au sujet des impôts directs sont celles en *décharge* ou en *réduction*. Ce sont des demandes qui se fondent sur le droit rigoureux; les réclamants allèguent qu'ils ont été indûment imposés ou surtaxés; ils invoquent un droit de ne pas payer l'impôt établi contre eux.

Quant aux demandes en *remise*, elles ont lieu quand le contribuable, justement imposé, a éprouvé de telles pertes qu'il ne peut payer sa cote; les demandes en *modération* se fondent sur les mêmes motifs, mais n'ont pour but qu'une remise partielle.—Les demandes en remise et en modération, ne devant aboutir qu'à un acte de faveur, sont jugées par le préfet.

II. — Les travaux publics peuvent donner lieu à des contestations qui naissent à propos, soit des marchés, adjudications ou autres contrats, soit de servitudes imposées ou de dommages causés par ces travaux.

On entend par *travaux publics* ceux qui sont exécutés pour le compte de l'État, des départements, des communes. Le signe à l'aide duquel on les reconnait, c'est l'utilité publique; il suffit toutefois qu'ils intéressent une collection quelconque d'individus, sans concerner une commune entière, comme le curage des rivières non navigables.

Il importe pour la prompte exécution des travaux publics que les contestations élevées entre l'administration et les entrepreneurs soient promptement expédiées. Or, les tribunaux de l'ordre judiciaire jugent très-lentement et très-dispendieusement; c'est donc avec raison que l'on a dévolu aux tribunaux administratifs la connaissance de ces contestations. Cela peut encore se justifier en considérant cette attribution comme le résultat d'une clause particulière, tacite, inhérente à chaque marché public. — Quant aux réclamations des particuliers pour dommages causés par les travaux publics, la règle de la séparation des pouvoirs s'opposait à ce qu'elles fussent soumises aux tribunaux de l'ordre judiciaire, les entrepreneurs de ces travaux agissant au nom de l'administration et avec son mandat spécial.

III. — Les matières de grande voirie, d'abord attribuées aux tribunaux judiciaires, furent plus à propos données par la loi du 28 pluviôse an VIII aux conseils de préfecture. La loi du 21 floréal an X leur attribue également la connaissance des contraventions de grande voirie.

Les objets placés sous le régime de la grande voirie sont sous la direction des préfets; les conseils de préfecture ne font que *juger les contraventions et contestations* qui y ont rapport. Ce sont avant tout des tribunaux conservateurs des choses du domaine public. Ils ont une double juridiction en cette matière : la première a pour objet les contraventions civiles non prévues par les lois ; la seconde a rapport aux infractions pénales prévues par des dispositions législatives. Ils font donc l'office, tantôt d'un tribunal civil, tantôt d'un tribunal correctionnel.

Ils sont spécialement investis du droit de juger les contraventions à la police du roulage.

IV. — Sous la Révolution, les biens du clergé, des émigrés et des condamnés à mort furent confisqués et vendus administrativement comme biens nationaux. Les gouvernements d'alors, voulant consolider le sort de ces ventes, enlevèrent aux tribunaux ordinaires la connaissance des contestations qui pouvaient y être relatives et l'attribuèrent aux corps administratifs.

La juridiction du conseil de préfecture est absolue dans cette matière et comprend deux sortes de difficultés : 1° celles sur l'interprétation des actes de ventes des biens nationaux; 2° celles relatives à la validité de ces mêmes ventes. — Le conseil de préfecture n'a pas qualité pour s'occuper des anciens titres de propriété ; il ne statue que sur la teneur des ventes faites par l'État.

§ III. — DU CONSEIL GÉNÉRAL.

1° *Son organisation.*

Il y a pour chaque département un conseil général, composé d'autant de membres qu'il y a de cantons dans le département.

Les électeurs appelés à nommer les conseillers généraux sont les mêmes que ceux qui nomment les députés et les conseillers municipaux.

Pour être éligible au conseil général, un candidat doit :

1° Avoir 25 ans d'âge ;

2° Jouir des droits civils et politiques ;

3° Être domicilié dans le département, ou tout au moins y payer une contribution, quelque minime qu'elle soit.

Ceux qui ne sont pas domiciliés dans le département, mais y paient des impôts et ne sont éligibles qu'en cette qualité, ne peuvent former plus du quart en nombre du conseil général.

Il y a incompatibilité entre les fonctions de conseiller général et certaines autres fonctions. Cette incompatibilité peut être absolue ou relative.

L'*incompatibilité absolue* empêche d'être conseiller général dans quelque département que ce soit ; elle frappe :

1° Les préfets ;

2° Les employés aux recettes générales et particulières des finances.

L'*incompatibilité relative* s'oppose seulement à ce qu'on nomme dans les départements où ils exercent leurs fonctions :

1° Les ingénieurs ;

2° Les agents forestiers ;

3° Les employés des bureaux de préfecture et de sous-préfecture.

Les membres du conseil général sont élus pour neuf ans ; mais le conseil est renouvelé par tiers tous les trois ans.

Quand une réclamation a lieu contre la nomination d'un conseiller général, le contentieux se porte devant le conseil de préfecture s'il s'agit de l'inobservation des règles et formalités ; elle est au contraire de la compétence des tribunaux civils si on invoque une incapacité de l'élu.

Les élections peuvent être attaquées non-seulement par l'autorité administrative, mais encore par tout électeur.

Le conseil de préfecture, lorsqu'il est compétent, ne prononce que sauf appel au Conseil d'État. — Le tribunal civil ne prononce également qu'en premier ressort.

Lorsqu'une élection est attaquée, soit en premier ressort, soit en appel, le conseiller général élu n'en siége pas moins provisoirement en attendant la solution du procès.

La convocation des conseils généraux a lieu sur décret impérial, qui fixe l'époque de la réunion. Les membres du bureau sont nommés directement par l'Empereur.

Le préfet ouvre la session et reçoit le serment des conseillers généraux. — Il peut prendre part aux délibérations, excepté lorsqu'on procède à l'apurement de ses comptes.

Les séances ne sont pas publiques.

La nullité des actes du conseil général peut être prononcée pour excès de pouvoir par un décret impérial. Cette nullité, du reste, n'exclut pas le recours contentieux au Conseil d'État de la part d'une partie qui se croirait lésée. (Loi du 14 octobre 1790.)

Toute délibération prise en dehors des séances légales du conseil général est nulle de droit. Le préfet peut déclarer la réunion illégale et prononcer la nullité.

Les conseils généraux ne peuvent se mettre en correspondance avec les conseils d'arrondissement.

2° *Attributions.*

Le conseil général a dans ses attributions quatre sortes d'actes que nous allons rapidement passer en revue.

I. — *Actes exécutoires d'eux-mêmes.* — Le conseil général répartit entre les divers arrondissements les trois contributions directes : *foncière*, *mobilière* et des *portes et fenêtres.* Sur ce point il statue souverainement, et sa décision n'est susceptible d'aucun recours. Il peut se faire cependant que le conseil général, dans sa répartition, ait lésé un arrondissement ; en ce cas, cet arrondissement serait autorisé à réclamer, mais seulement devant le conseil général lui-même : ce serait un appel au conseil mieux informé. D'un autre côté, s'il y avait eu dans la répartition une violation de la loi, ce serait un cas d'excès de pouvoir, et le recours serait ouvert devant le Conseil d'État, en vertu de la loi du 14 octobre 1790.

Le conseil général prononce définitivement sur les demandes en réduction de contingent formées par les communes et préalablement soumises au conseil d'arrondissement.

Il vote les *centimes additionnels ordinaires* dont la perception est autorisée par la loi du budget en vue des dépenses départementales.

En outre, depuis la loi du 18 juillet 1866, il peut voter, dans la limite d'un maximum annuellement fixé par la loi des finances, des *centimes extraordinaires* affectés à des dépenses extraordinaires d'utilité départementale, et il peut voter des emprunts départementaux remboursables dans un délai n'excédant pas douze années, sur ces centimes extraordinaires ou sur les ressources ordinaires.

Cette même loi de 1866 a donné une extension assez considérable aux attributions des conseils généraux en ajoutant désormais aux objets abandonnés à leur décision les affaires ci-après, comprises sous l'article 1er :

1° Acquisitions, aliénation et échange de propriétés départementales mobilières ou immobilières, quand ces propriétés ne sont pas affectées aux services de l'État (c'est-à-dire lorsqu'il ne s'agira pas d'une préfecture, sous-préfecture, cour, tribunal, prison, caserne de gendarmerie) ;

2° Mode de gestion des propriétés départementales ;

3° Baux de biens donnés ou pris à ferme ou à loyer par le département, quelle qu'en soit la durée ;

4° Changement de destination des propriétés et des édifices départementaux autres que les hôtels de préfecture et de sous-préfecture et les locaux affectés aux cours et tribunaux, au casernement de la gendarmerie et aux prisons ;

5° Acceptation ou refus de dons et legs faits au département sans charges ni affectation immobilière, quand ces dons et legs ne donnent pas lieu à réclamation ;

6° Classement et direction des routes départementales, lorsque le tracé desdites routes ne se prolonge pas sur le territoire d'un autre département ; projets, plans et devis des travaux à exécuter pour la construction, la rectification ou l'entretien des routes départementales ; le tout sauf l'exécution des lois et règlements sur l'expropriation pour cause d'utilité publique ; projets, plans et devis de tous travaux à exécuter sur les fonds départementaux ;

7° Classement et direction des chemins vicinaux de grande communication ; désignation des chemins vicinaux d'intérêt commun ; désignation des communes qui doivent concourir à la construction et à l'entretien desdits chemins ; le tout sur l'avis des conseils municipaux et d'arrondissement ;

Répartition des subventions accordées sur les fonds départementaux aux chemins vicinaux de grande communication ou d'intérêt commun ;

8° Offres faites par des communes, par des associations ou des particuliers pour concourir à la dépense des routes départementales ou d'autres travaux à la charge des départements ;

9° Déclassement des routes départementales, des chemins vicinaux de grande communication et d'intérêt commun, lorsque leur tracé ne se prolonge pas sur le territoire d'un ou de plusieurs départements ;

10° Désignation des services auxquels doit être confiée l'exécution des travaux sur les chemins vicinaux de grande communication et d'intérêt commun ; mode d'exécution des travaux à la charge du département, autres que ceux des routes départementales ;

11° Emploi de fonds libres provenant d'emprunts ou de centimes extraordinaires, recouvrés ou à recouvrer dans le cours de l'exercice ;

12° Assurances des bâtiments départementaux ;

13° Actions à intenter ou à soutenir au nom du département, sauf les cas d'urgence, dans lesquels le préfet peut agir conformément à l'art. 36 de la loi du 10 mai 1838 ;

14° Transactions concernant les droits des départements ;

15° Recettes et dépenses des établissements d'aliénés appartenant au département ; approbation des traités passés avec des établissements privés ou publics pour le traitement des aliénés du département ;

16° Service des enfants assistés.

Naturellement les délibérations du conseil général n'interviendront le plus souvent qu'après une instruction préalable et sur les propositions du préfet ; néanmoins l'initiative n'appartient pas exclusivement au préfet ; elle est aussi bien réservée au conseil général, qui peut en user, aussi bien que du droit de modifier les propositions à lui soumises.

Les délibérations par lesquelles les conseils généraux *statuent* définitivement sont de plein droit exécutoires si, dans un délai de deux mois à partir de la clôture de la session, elles n'ont pas été annulées pour excès de pouvoir ou pour violation d'une disposition de la loi ou d'un règlement d'administration publique. — Cette annulation ne peut être prononcée que par un décret rendu dans la forme des règlements d'administration publique.

Indépendamment des pouvoirs qui viennent d'être énumérés, le conseil général a celui de fixer chaque année le maximum du nombre des centimes extraordinaires que les conseils municipaux sont autorisés à voter pour en affecter le produit à des dépenses extraordinaires d'utilité communale. Si le conseil général se sépare sans l'avoir fixé, le maximum arrêté pour l'année précédente est maintenu jusqu'à la session suivante.— Le maximum, dans tous les cas, ne peut dépasser vingt centimes.

II. — *Actes délibératifs*, ayant besoin de l'homologation d'une autorité supérieure (préfet, Ministre, Corps législatif ou chef de l'État).

Dans cette catégorie rentrent des actes qui, tout en ayant rapport à la vie civile du département, intéressent en même temps l'État ou les communes.

Ainsi le conseil général n'est appelé qu'à *délibérer* sur :

1° La part contributive à imposer au département dans la dépense des travaux exécutés par l'État et qui intéressent le département ;

2° La part contributive du département aux dépenses qui intéressent à la fois le département et les communes ;

3° La part de la dépense des aliénés et des enfants assistés à mettre à la charge du département ;

4° Changements de destination à donner aux hôtels de préfecture et de sous-préfecture, et aux locaux affectés aux cours et tribunaux, au casernement de la gendarmerie et aux prisons ;

5° Acceptation de dons et legs faits au département avec charges ou affectation immobilière, ou donnant lieu à réclamations ;

6° Classement, direction, déclassement des routes départementales dont le tracé se prolonge sur un département voisin;

7° Et généralement tous objets sur lesquels des lois et règlements lui donnent le droit de délibérer, sauf approbation de l'autorité supérieure.

III. — *Actes de pur conseil*, non obligatoires pour le département.—Ces actes ne se présentent que dans des matières intéressant jusqu'à un certain point l'ordre général ; dans ces cas, le conseil général n'émet que de simples *avis* dont l'autorité supérieure peut avoir besoin pour s'éclairer sur des mesures à prendre par elle.

Tels sont, d'après l'art. 6 de la loi de 1838 :

1° Les changements proposés à la circonscription du territoire du département, des arrondissements, des cantons et des communes, et à la désignation des chefs-lieux ;

2° Les difficultés élevées relativement à la répartition de la dépense des travaux qui intéressent plusieurs communes ;

3° L'établissement, la suppression ou le changement des foires et marchés ;

4° Et généralement tous les cas où il convient à l'administration de consulter le conseil général et tous ceux où des lois et règlements exigent son avis.

Lorsque des dispositions de lois ou règlements exigent que le conseil général soit consulté, il y a lésion d'un droit et par conséquent lieu à recours au Conseil d'État si l'avis n'a pas été demandé.

IV. — *Actes sous forme de simples vœux.* — Le conseil

général peut formuler des vœux sur des mesures à prendre dans le département ou dans les services publics.

Peut-il formuler des vœux politiques, par exemple sur des changements à opérer dans la Constitution de l'État? — La négative ressort évidemment de l'art. 7 de la loi de 1838 et doit être proclamée en principe. Mais, en pratique, on admet que le conseil général puisse formuler des vœux politiques, et cela arrive le plus souvent sur la provocation du Gouvernement.

3° *Budget départemental.*

Les conseils généraux ont la direction presque absolue du budget départemental; le décret impérial qui le règle ne peut changer ni modifier les allocations qui y sont portées par le conseil général et n'y peut inscrire d'office aucune autre dépense que celles relatives : 1° au loyer et à l'entretien des hôtels de préfecture et de sous-préfecture ; 2° au casernement ordinaire des brigades de gendarmerie ; 3° au loyer, mobiliers et menues dépenses des cours et tribunaux, et menues dépenses des justices de paix.

Ce budget, autrefois compliqué, a été singulièrement simplifié par la loi de 1866 qui lui a donné en même temps plus d'importance. Nous ne pouvons mieux faire pour en donner une idée générale, que d'en reproduire ici le cadre adopté pour l'exercice courant.

BUDGET ORDINAIRE.

Dépenses départementales ordinaires.

Sous-Chap. I. — Dépenses obligatoires (hôtels de préfecture et de sous-préfecture, casernement ordinaire de la gendarmerie, cour d'assises, tribunaux, justices de paix, dettes afférentes aux dépenses obligatoires).

Sous-Chap. II. — Propriétés départementales immobilières (travaux, acquisitions, échanges, etc.).

Sous-Chap. III. — Mobilier départemental (mobilier des hôtels de préfecture et de sous-préfectures, et du service départemental de l'instruction publique).

Sous-Chap. IV. — Routes départementales (§ Ier. Entretien. — § II. Construction, grosses réparations, travaux neufs, améliorations des routes départementales).

Sous-Chap. V. — Chemins vicinaux, chemins de fer d'intérêt local (§ Ier. Chemins vicinaux, chemins de grande communication, chemins d'intérêt commun.—§ II. Chemins de fer d'intérêt local).

Sous-Chap. VI. — Enfants assistés.

Sous-Chap. VII. — Aliénés.

Sous-Chap. VIII. — Assistance publique.

Sous-Chap. IX. — Cultes.

Sous-Chap. X. — Instruction publique.

Sous-Chap. XI. — Archives départementales.

Sous-Chap. XII. — Encouragement aux lettres, aux sciences et aux arts.

Sous-Chap. XIII. — Encouragement à l'agriculture et à l'industrie.

Sous-Chap. XIV. — Subventions aux communes.

Sous-Chap. XV. — Cadastre.

Sous-Chap. XVI. — Dépenses diverses.

Sous-Chap. XVII.— Dettes départementales afférentes à des dépenses non obligatoires et appartenant aux exercices antérieurs.

RECETTES.

Fonds libres de. . . . . . . restés sans affectation.

Recettes de. . . . . . . (année du budget).

Centimes ordinaires (maximum 25 centimes additionnels

aux deux contributions et 1 centime additionnel aux quatre contributions directes).

Centimes imposés d'office pour les dépenses prévues à l'art. 10 de la loi du 18 juillet 1856 (maximum 2 centimes).

Centimes applicables au service vicinal (maximum 7 cent.).

Centimes applicables à l'instruction primaire (maximum 3 centimes).

Centimes applicables au cadastre (maximum 5 centimes).

Produits éventuels du budget ordinaire.

BUDGET EXTRAORDINAIRE.

Dettes départementales extraordinaires.

Sous-Chap. XVIII.— Dépenses imputables sur le produit de centimes extraordinaires (édifices départementaux, routes départementales, chemins de grande communication, chemins d'intérêt commun, chemins de fer d'intérêt local, etc.).

Sous-Chap. XIX. — Dépenses imputables sur fonds d'emprunts.

Sous-Chap. XX. — Dépenses imputables sur les produits éventuels extraordinaires.

RECETTES.

Fonds libres de. . . . . . . restés sans affectation.

Recettes de. . . . . . . (année de l'exercice).

Centimes extraordinaires maximum, 12 centimes).

Emprunts.

Produits éventuels du budget extraordinaire.

§ IV. — DE L'ARRONDISSEMENT ET DU CANTON.

L'arrondissement et le canton, dont nous devons dire deux mots avant de passer à l'administration communale, ne forment ni l'un ni l'autre une corporation, une personne civile, capable de contracter et d'acquérir. Ils n'ont pas de budget propre ; ils ne sont que de simples circonscriptions administratives et judiciaires.

Pour changer les chefs-lieux de département et d'arrondissement il faut une loi. Pour changer le chef-lieu d'un canton il suffit d'un acte du Gouvernement, après avoir pris avis des conseils municipaux des communes intéressées. (Loi du 8 pluviôse an IX, art. 8).

Il n'y a pas, dans l'arrondissement, de conseil de sous-préfecture pour juger le contentieux. Nous n'y trouvons qu'un sous-préfet et un conseil d'arrondissement, et encore n'y a-t-il pas de sous-préfet dans les arrondissements où se trouve le chef-lieu de la préfecture.

Le sous-préfet est nommé directement par le chef du Gouvernement et il est essentiellement amovible.

En cas d'absence ou d'empêchement, il est remplacé par un membre du conseil d'arrondissement ou par un conseiller de préfecture désigné par le préfet. — Un décret du 25 novembre 1853, porte qu'un auditeur au Conseil d'État peut être chargé par le préfet de remplacer le sous-préfet absent ou empêché.

Attributions du sous-préfet.

Le sous-préfet a peu d'action administrative propre et se trouve dans une entière subordination vis-à-vis du préfet. Ses attributions sont énumérées dans l'art. 9 de la loi du 28 pluviôse an VIII.

Il est un intermédiaire légal entre le préfet et les administrés ou les communes. Plus rapproché des maires et des administrateurs municipaux, il est censé connaître plus particulièrement le personnel de l'administration subalterne et les administrés eux-mêmes ; aussi est-il appelé à donner son avis sur toutes les demandes adressées au préfet, qui les reçoit ainsi après une première instruction et peut y répondre avec plus de célérité. — Le sous-préfet transmet les ordres du préfet aux maires de son arrondissement.

Il doit rendre des comptes et faire un rapport mensuel au préfet.

Il peut requérir la force armée et dissiper les attroupements (Lois de 1791 et de 1831).

Il procède chaque année à la confection du tableau des jeunes gens appelés au recrutement.

Il nomme, sous l'approbation du préfet, les porteurs de contrainte (huissiers spéciaux pour le recouvrement des contributions directes).

Il nomme les administrateurs des hospices.

Il n'a pas le droit de faire des règlements.

Il peut prendre des mesures pour rétablir les communications interrompues sur les routes et autres voies publiques.

En général, on ne peut recourir au Conseil d'État contre les mesures des sous-préfets, parce que ces mesures sont purement provisoires. On appelle en ce cas du sous-préfet au préfet.

Cependant, en ce qui concerne une certaine attribution, l'autorisation à donner pour l'établissement d'usines incommodes ou insalubres, on peut recourir de ces décisions spéciales devant le conseil de préfecture.

En outre, il y a un cas où les sous-préfets statuent en dernier ressort, c'est en matière de ventes de bois, lorsqu'il y a contestation sur la validité de ces ventes ou sur la solvabilité de ceux qui ont fait des offres. Ces sortes de contestations demandant à être jugées sur les lieux mêmes, au moment où elles s'élèvent, les sous-préfets prononcent d'une manière définitive et sans recours, ainsi que cela résulte de la discussion du Code forestier. Le recours n'est admis que pour excès de pouvoirs et doit être porté au Conseil d'État.

Composition et attributions du conseil d'arrondissement.

Les membres du conseil d'arrondissement sont élus par le suffrage universel, de la même manière que les membres du conseil général. Chaque canton doit en nommer un et leur nombre minimum est de neuf.

Pour être éligible au conseil d'arrondissement il faut :

1° Être âgé de au moins vingt-cinq ans;

2° Jouir de ses droits civils et politiques ;

3° Être domicilié dans l'arrondissement, ou au moins y payer une des contributions directes. — Les éligibles non domiciliés dans l'arrondissement ne peuvent former plus du quart du conseil.

Les incompatibilités, absolues ou relatives, entre les fonctions de membre du conseil d'arrondissement et certaines autres fonctions, sont les mêmes que celles prononcées à l'égard des membres du conseil général.

La durée des fonctions des conseillers d'arrondissement est de six ans. Le conseil est renouvelé tous les trois ans pour moitié.

Le contentieux élevé sur la formation des listes électorales est porté devant une commission municipale en premier ressort et devant le juge de paix en dernier ressort. — Celui qui s'élève sur les élections elles-même est jugé par le conseil de préfecture s'il s'agit des formalités de l'élection, et par le tribunal civil quand il s'agit de l'incapacité de l'élu.

On ne peut être membre de deux conseils d'arrondissement, ni d'un conseil d'arrondissement et d'un conseil général.

Le conseil d'arrondissement a deux sessions par an.

Il n'a pas de budget, l'arrondissement n'ayant pas une personnalité civile.

Sa principale attribution consiste dans la répartition annuelle des contributions directes entre les communes de l'arrondissement.

Comme agent de répartition, le conseil d'arrondissement délibère sur les réclamations et observations qu'il y aurait lieu d'adresser au conseil général pour les contributions dont l'arrondissement se trouve grevé.

Comme agent consultatif, il *peut* ou *doit* donner son avis sur certaines matières, suivant les circonstances; il est particulièrement appelé à donner ses avis sur les réclamations des communes.

Il adresse au préfet, par l'intermédiaire de son président, des *vœux sur les services publics de l'arrondissement.*

SECTION III.

Administration communale.

La commune est une société politique et civile définie par la loi du 10 juin 1793 : *une association de citoyens unis par des liens d'intérêt local.*

Ce n'est donc pas seulement une circonscription politique, dernier terme de la hiérarchie administrative, mais c'est en même temps une corporation, une personne civile capable d'acquérir et de contracter, ayant ses biens, ses dettes, son budget comme l'État et comme le département.

Elle est administrée par un *corps municipal* composé :

1° Du conseil municipal, qui délibère;

2° Du maire et des adjoints, qui, en général, exécutent.

Sous le rapport du territoire, la commune embrasse toutes les propriétés immobilières situées dans sa circonscription.

Au point de vue des personnes, elle comprend tous les individus qui ont fixé leur domicile dans cette même circonscription.

De plus, les propriétaires *forains*, c'est-à-dire ceux qui y possèdent des immeubles, bien qu'ils n'y aient pas leur domicile, sont à l'égard de ces biens, soumis aux charges de la commune et jouissent du droit de coopérer à son administration.

Les réunions et distractions de communes qui modifient la circonscription d'un département, d'un arrondissement ou d'un canton, ainsi que celles auxquelles l'avis du conseil général est contraire, ne peuvent être prononcées que par une loi.

Les autres réunions et distractions de communes peuvent être approuvées définitivement par le préfet sur le simple consentement des conseils municipaux et sur l'avis affirmatif du conseil général du département. Dans tous autres cas, il faudra un décret dans la forme des règlements d'administration publique.

Une enquête doit toujours être préalablement faite. Les conseils municipaux de toutes les communes qui peuvent gagner ou perdre au changement sont appelés ensuite à délibérer, avec l'assistance des plus imposés. Le conseil d'arrondissement et le conseil général du département sont également appelés à donner leur avis. — Si le projet concerne une section de commune, il est créé pour cette section une commission spéciale.

Il ne faut toutefois pas confondre les réunions, divisions et formations de communes avec les simples délimitations ou rectifications de territoires, lesquelles sont toujours opérées par un décret impérial, sur l'avis des conseils municipaux, des sous-préfets et des préfets.

CHAPITRE Ier.

Des maires et adjoints.

§ Ier. — MODE DE NOMINATION. — QUALITÉS REQUISES.

Le maire et les adjoints sont nommés par l'Empereur dans les chefs-lieux de département, d'arrondissement et de canton, et dans les autres communes composées d'au moins 3,000 habitants. Partout ailleurs il sont nommés par le préfet au nom de l'Empereur.

Ils doivent dans tous les cas être âgés de 25 ans accomplis, et être inscrits dans la commune au rôle de l'une des quatre contributions directes.

Ils peuvent être pris en dehors du conseil municipal.

Ils sont nommés pour cinq ans et doivent remplir leurs fonctions, même après l'expiration de ce terme, jusqu'à l'installation de leurs successeurs.

Ils peuvent être suspendus par arrêté du préfet, mais ne peuvent être révoqués que par décret de l'Empereur.

L'arrêté du préfet suspendant un maire ou un adjoint cesse d'avoir effet s'il n'est confirmé dans le délai de deux mois par le Ministre de l'intérieur.

Il y a un seul adjoint dans les communes de 2,500 habitants et au-dessous ; il y en a deux dans celles de 2,500 à 10,000 habitants. Dans les communes d'une population supérieure, il peut être nommé un adjoint de plus par chaque excédant de 20,000 habitants. — En outre, si la mer ou tout autre obstacle rend difficiles, dangereuses ou momentanément impossibles les communications entre le chef-lieu et une fraction de commune, un adjoint spécial, pris parmi les habitants de cette fraction, est nommé en sus du nombre ordinaire ; cet adjoint spécial remplit les fonctions d'officier de l'état civil et peut être chargé de l'exécution des lois et règlements de police dans cette partie de la commune.

Ne peuvent être ni maires ni adjoints :

1° Les préfets, sous-préfets, secrétaires généraux et conseillers de préfecture ;

2° Les membres des cours, tribunaux de première instance et justices de paix (sauf les suppléants des tribunaux et des juges de paix) ;

3° Les ministres des divers cultes ;

4° Les militaires et employés des armées de terre et de mer, en activité de service ou en disponibilité ;

5° Les ingénieurs des ponts et chaussées et des mines en activité de service, les conducteurs des ponts et chaussées et les agents-voyers ;

6° Les agents et employés des administrations financière et des forêts, ainsi que les gardes des établissements publics et des particuliers ;

7° Les commissaires et agents de police ;

8° Les fonctionnaires et employés des colléges communaux et les instituteurs primaires communaux ou libres ;

9° Les comptables et les fermiers des revenus communaux et les agents salariés par la commune ;

10° Ceux qui sont employés au service de la garde nationale ;

11° Ceux qui font partie du conseil municipal dans une autre commune.

§ II. — ATTRIBUTIONS DES MAIRES ET ADJOINTS.

Les fonctions du maire procèdent de deux ordres bien différents, car le maire est à la fois l'agent du Gouvernement, comme chef de la circonscription administrative, et le représentant de la commune, comme chef de la corporation.

Comme *agent du Gouvernement*, le maire est chargé :

1° De la publication et de l'exécution des lois et règlements;

2° Des fonctions spéciales qui lui sont attribuées par certaines lois, telles que la révision annuelle des listes électorales, la confection des listes du contingent pour le service militaire, la réception des actes de l'état civil, etc. ;

3° De l'exécution des mesures de sûreté générale ;

4° De la police judiciaire ;

5° De la police locale et de la délivrance des passeports ;

Le maire est juge en matière de simple police dans les communes autres que les chefs-lieux de canton, concurremment avec les juges de paix. Mais cette attribution, bien rarement exercée en fait, n'est qu'un vestige des pouvoirs judiciaires autrefois conférés aux autorités des communes émancipées et se trouve en opposition avec les principes de notre droit public actuel, qui veut la séparation des pouvoirs judiciaire et administratif.

Comme *chef de la corporation* ou *officier municipal*, le maire est chargé, sous la surveillance de l'administration supérieure :

1° De la police municipale (police des lieux publics, des places et des rues), de la police rurale (ayant pour objet la conservation des fruits et récoltes hors de l'enceinte de la commune, comme l'échenillage, la fermeture des colombiers, etc.), de la voirie municipale, et de pourvoir à l'exécution des actes de l'autorité supérieure qui sont relatifs à ces divers objets ;

2° De la conservation et de l'administration des propriétés communales, et de faire en conséquence tous actes conservatoires des droits de la commune.

3° De la gestion des revenus, de la surveillance des établissements communaux et de la comptabilité communale ;

4° De la proposition du budget ;

5° De l'ordonnancement des dépenses ;

6° De la direction des travaux communaux ;

7° De souscrire les marchés, de passer les baux des biens communaux, dans les formes établies par les lois et règlements ;

8° De souscrire dans les mêmes formes les actes de *vente, échange, partage, acceptation de dons et legs, acquisition, transaction*, lorsque ces actes ont été autorisés conformément à la loi.

9° De représenter la commune en justice, soit en demandant, soit en défendant.

Le maire prend des arrêtés à l'effet :

1° D'ordonner les mesures locales sur les objets confiés par la loi à sa vigilance et à son autorité :

2° De publier de nouveau les lois et règlements de police et de rappeler les citoyens à leur observation.

Les arrêtés pris par les maires sont immédiatement envoyés au sous-préfet. Le préfet peut les annuler ou en suspendre l'exécution. — Ceux de ces arrêtés qui portent règlement permanent ne sont exécutoires qu'un mois après la remise de l'ampliation constatée par les récépissés du sous-préfet.

Le maire nomme à tous les emplois communaux pour lesquels la loi ne prescrit pas un mode spécial de nomination. Il suspend et révoque les titulaires de ces emplois.

Les emplois communaux dont il s'agit sont ceux de secrétaire ou employés de la mairie, bibliothécaire, architecte, appariteur ou agent de la police municipale, portier-concierge d'un établissement militaire appartenant à la commune.

Le maire nomme les gardes-champêtres, sauf l'approbation du conseil municipal ; ces agents doivent être agréés et commissionnés par le sous-préfet. Ils peuvent être suspendus par le maire, mais le préfet peut seul les révoquer.

Le maire nomme également les pâtres communs, sauf l'approbation du conseil municipal; il peut prononcer leur révocation.

Les directeurs et professeurs des écoles de dessin et des musées sont nommés par le préfet, quoi que ce soient des employés municipaux.

Dans le cas où le maire refuse ou néglige de faire un des actes qui lui sont prescrits par la loi, le préfet, après l'en avoir requis, peut y procéder d'office, soit par lui-même, soit par un délégué spécial.

Lorsque le maire procède à une adjudication publique pour le compte de la commune, il est assisté de deux membres du conseil municipal désignés d'avance par ce conseil ou, à défaut, appelés dans l'ordre du tableau. Le receveur municipal est appelé à toutes les adjudications. Les difficultés qui s'élèvent sur les opérations préparatoires de l'adjudication sont résolues séance tenante par le maire et les deux conseillers assistants, à la majorité des voix, sauf le recours de droit.

En cas d'absence ou d'empêchement, le maire est remplacé par un de ses adjoints, dans l'ordre des nominations. Si le maire et les adjoints sont absents ou empêchés, le maire est remplacé par un conseiller municipal désigné par le préfet, ou, à défaut de cette désignation, par le conseiller municipal le premier dans l'ordre du tableau, lequel est dressé d'après le nombre des suffrages obtenus et en suivant l'ordre des scrutins.

Le maire est *seul* chargé de l'administration active de la commune et les adjoints n'y ont en principe aucune part déterminée ; mais le maire peut toujours déléguer une partie de ses fonctions, ou même toutes ses fonctions, en cas de besoin, à un ou plusieurs de ses adjoints, et, en l'absence des adjoints, à ceux des conseillers municipaux qui sont appelés à les remplacer.

CHAPITRE II.

Des conseils municipaux.

§ 1er. — FORMATION DES CONSEILS MUNICIPAUX.

Chaque commune a un conseil municipal, lequel se compose :

De 10 membres dans les communes de 500 habitants au-dessous ;

De 12, dans les communes de 501 à 1,500 habitants ;

De 16, dans celles de 1,501 à 2,500 ;

De 21, dans celles de 2,501 à 3,500 ;

De 23, dans celles de 3,501 à 10,000 ;

De 27, dans celles de 10,001 à 30,000 ;

De 30, dans celles de 30,001 à 40,000 ;

De 32, dans celles de 40,001 à 50,000 ;

De 34, dans celles de 50,001 à 60,000 ;

De 36, dans celles de 60,000 et au-dessus.

Les membres du conseil municipal sont nommés par les électeurs inscrits sur la liste communale dressée en vertu de l'art. 13 du décret du 2 février 1852.

Le préfet peut, par un arrêté pris en conseil de préfecture, diviser la commune en sections électorales et répartir entre les sections le nombre de conseillers à élire, en tenant compte du nombre des électeurs inscrits, ou laisser à chaque section l'élection de la totalité des conseillers.

Pour être éligible au conseil municipal il suffit d'avoir vingt-cinq ans accomplis et de n'être pas atteint par une des incapacités qui empêcheraient d'être porté sur la liste électorale.

Aucune autre condition n'est requise, et il n'est pas même nécessaire d'être inscrit sur la liste électorale, ni d'avoir son domicile dans la commune, ni d'y posséder quelque propriété, ni de savoir lire et écrire.

Toutefois, ne peuvent être conseillers municipaux :

1° Les comptables de deniers communaux et les agents salariés de la commune ;

2° Les entrepreneurs de services communaux ;

3° Les domestiques attachés à la personne ;

4° Les individus dispensés de subvenir aux charges communales et ceux qui sont secourus par les bureaux de bienfaisance.

5° Les maires et adjoints d'une autre commune.

Sous la dénomination de *comptables*, il ne faut pas confondre ceux qui sont redevables envers la commune d'un produit ou d'un revenu quelconque, mais ceux qui sont chargés de percevoir et recouvrer les revenus municipaux et d'en faire emploi ou rendre compte. — Le percepteur est éligible lorsqu'il n'est pas receveur municipal.

Par *agents salariés de la commune*, il faut entendre ceux qui tombent sous la dépendance du corps municipal en ce qui concerne la fixation ou le paiement de leur salaire, comme les secrétaires des mairies, les instituteurs communaux, agents-voyers, archivistes bibliothécaires communaux, professeurs payés sur le budget municipal, architectes des travaux ordinaires de la commune, etc... Ne pourraient être exclus du conseil : ni l'architecte extraordinairement chargé de travaux dans la commune ; ni l'inspecteur des eaux thermales de la commune, dont la nomination est faite et le traitement fixé par le Ministre ; ni le médecin cantonal, chargé de donner des soins aux indigents par commission du préfet et dont la rétribution annuelle est prise sur un fond commun formé par les communes du canton ; ni l'habitant qui a pris l'engagement, moyennant un prix déterminé, de remonter l'horloge de la commune ; ni le fermier des droits de plaçage dans les halles et marchés.

Par *entrepreneurs de services communaux*, il faut entendre ceux que leur entreprise met dans des rapports *constants* et pour ainsi dire *journaliers* avec la commune. Tels sont les entrepreneurs du service du balayage, du service de l'éclairage, et autres analogues. — Un marché passé avec la commune pour un travail déterminé, comme la construction d'un chemin ou d'un édifice, interdirait seulement au conseiller municipal qui l'aurait souscrit de prendre part aux délibérations relatives aux affaires dans lesquelles il aurait un intérêt, soit en son nom personnel, soit comme mandataire. — Ne peuvent être écartés du conseil : ni ceux qui ont fait, antérieurement à l'élection, quelques fournitures ou travaux pour la commune ; ni ceux qui ont été chargés, un an ou deux avant l'élection, d'exploiter une coupe affouagère ou une coupe communale ; ni les employés des établissements publics de la commune lorsque ces établissements sont régis par une administration particulière, indépendante de l'autorité municipale, comme les membres des conseils de fabrique, les économes et secrétaires attachés aux hospices communaux, le médecin du bureau de bienfaisance.

Ne doit pas être considéré comme *domestique attaché à la personne*, le citoyen employé habituellement aux travaux du jardin et aux soins de la basse-cour, s'il n'est ni logé ni nourri par celui qui l'emploie ;—ni le régisseur, qui est simplement mandataire à l'effet de gérer des biens, lors même qu'il habite la maison du maître et y est nourri.

Les fonctions de conseiller municipal sont incompatibles avec celles : 1° de préfet, sous-préfet, secrétaire général, conseiller de préfecture ; — 2° de commissaire et d'agent de police ; — 3° de militaire ou employé des armées de terre et de mer en activité de service; — 4° de ministre d'un culte en exercice dans la commune.

Nul ne peut être membre de plusieurs conseils municipaux.

Dans les communes de 500 âmes et au-dessus, les parents au degré de père, de fils, de frère, et les alliés au même degré ne peuvent être en même temps membres du même conseil municipal.

Les conseillers municipaux sont élus pour sept années ; le conseil entier est reformé par l'élection au bout de chaque période de sept ans et à la même époque pour toutes les communes de France ; la loi de 1867 a supprimé la coïncidence qui existait entre cette élection et la nomination des maires.

Les conseillers municipaux en exercice continuent leurs fonctions jusqu'à l'installation de leurs successeurs.

En cas de vacances dans l'intervalle des élections générales, il est procédé au remplacement quand le conseil municipal se trouve réduit aux trois quarts de ses membres, ce qui n'empêche pas que l'administration supérieure a toujours le droit de procéder au remplacement des conseillers morts, démissionnaires ou exclus, sans attendre que la réduction du conseil ait atteint cette proportion.

Un conseil municipal peut être suspendu par le préfet ; la dissolution ne peut être prononcée que par l'Empereur.

La suspension prononcée par le préfet est de deux mois et peut être prolongée par le Ministre de l'intérieur jusqu'à une année ; si à l'expiration de ce délai il n'est pas intervenu un décret de dissolution, le conseil municipal reprend ses fonctions.

En cas de suspension, le préfet nomme immédiatement une commission destinée à remplir les fonctions du conseil municipal. — En cas de dissolution, cette commission est nommée par l'Empereur pour les chefs-lieux de département, d'arrondissement et de canton, ou dans les communes de 3,000 habitants et au-dessus, et par le préfet pour toute autre commune.

Le nombre des membres de cette commission ne peut être inférieur à moitié de celui des conseillers municipaux.

En cas de dissolution, l'élection du nouveau conseil municipal a généralement lieu dans le délai d'une année, mais la commission peut être maintenue en fonctions pendant trois ans et l'élection différée jusqu'à l'expiration de ce terme.

A Paris et à Lyon le conseil municipal est composé de 36 membres, nommés tous les cinq ans par l'Empereur, et présidé par un de ses membres, également désigné par l'Empereur.

§ II. — ASSEMBLÉES ET DÉLIBÉRATIONS DES CONSEILS MUNICIPAUX.

Le conseil municipal n'est point permanent.

Il s'assemble en session ordinaire quatre fois par an, au commencement des mois de février, mai, août et novembre, pour s'occuper de toutes les matières qui rentrent dans ses attributions.

Chaque session peut durer 10 jours.

Le préfet ou le sous-préfet prescrit la convocation extraordinaire du conseil municipal, ou l'autorise sur la demande du maire, toutes les fois que les intérêts de la commune l'exigent. — La convocation peut également avoir lieu pour un objet spécial et déterminé, sur la demande du tiers des membres du conseil municipal, adressée directement au préfet, qui ne peut la refuser que par un arrêt motivé, notifié aux réclamants, et sauf pourvoi de ces derniers devant le Ministre de l'intérieur.—Dans ces divers cas, le conseil municipal ne peut s'occuper que des objets spéciaux pour lesquels il est extraordinairement convoqué.

La convocation se fait par écrit et à domicile, trois jours au moins avant celui de la réunion, s'il s'agit d'une session ordinaire, cinq jours au moins s'il s'agit d'une convocation extraordinaire ; elle contient l'indication des objets pour lesquels le conseil doit s'assembler. Les délais peuvent être abrégés par le sous-préfet en cas d'urgence.

Le conseil municipal ne peut délibérer que lorsque la majorité des membres en exercice assiste à la séance. Après deux convocations successives, à huit jours d'intervalle et dûment constatées, si les membres du conseil municipal ne sont toujours pas réunis en nombre suffisant, la délibération prise sur la troisième convocation est valable quel que soit le nombre des membres présents, n'y en eût-il qu'un seul.

Les conseillers siégent dans l'ordre du tableau. Les résolutions sont prises à la majorité absolue des suffrages. Il est voté au scrutin secret toutes les fois que trois des membres présents le réclament.

Un billet *blanc*, un *oui et non*, le refus de voter d'un membre présent comptent dans les votes négatifs.

Le conseil municipal est présidé par le maire, qui a voix prépondérante en cas de partage.

Les mêmes droits appartiennent à l'adjoint qui remplace le maire absent. Dans tous autres cas, les adjoints pris en dehors du conseil ont seulement le droit d'y siéger avec voix consultative.

Lorsqu'il s'agit de la reddition des comptes de l'administration du maire, le conseil municipal désigne au scrutin celui de ses membres qui doit exercer la présidence ; le maire, qui assiste à la séance, doit se retirer au moment du vote.

Les fonctions de secrétaire du conseil municipal, — bien distinctes de celles de secrétaire de la mairie, — sont remplies par un des membres de ce conseil, nommé au scrutin secret, à la majorité des membres présents. Le secrétaire est nommé pour chaque session.

Les membres du conseil municipal ne peuvent prendre part aux délibérations relatives aux affaires dans lesquelles ils ont un intérêt, soit en leur nom personnel, soit comme mandataires.

Tout membre qui, sans motifs légitimes, a manqué à trois convocations successives, *peut* être déclaré démissionnaire par le préfet, sauf recours, dans les dix jours de la notification, devant le conseil de préfecture.

Les séances des conseils municipaux ne sont pas publiques. Leurs débats ne peuvent être publiés officiellement, c'est-à-dire aux frais de la commune, qu'avec l'approbation de l'autorité supérieure; mais chaque membre peut toujours faire cette publication à ses frais, dans l'intérêt de la vérité, pour que son opinion ou les dispositions du conseil ne soient pas travesties.

Les délibérations sont inscrites par ordre de dates, sur un registre coté et paraphé par le sous-préfet. Elles sont signées par tous les membres présents à la séance, ou mention est faite de la cause qui les a empêchés de signer. Copie en est adressée au préfet ou au sous-préfet dans la huitaine. Tout habitant ou contribuable a le droit, sans donner aucun motif à l'appui de son désir, de demander communication et de prendre ou de faire prendre sur place copie des délibérations, quelle qu'en soit la date.

Toute délibération portant sur un objet étranger aux attributions du conseil municipal est nulle de plein droit. — Le préfet, en conseil de préfecture, en déclare la nullité. En cas de réclamation du conseil municipal, il est statué par un décret de l'Empereur, le Conseil d'État entendu.

Sont également nulles de plein droit toutes délibérations prises hors de la réunion légale ou autorisée. — Le préfet, en conseil de préfecture, déclare l'illégalité de la réunion et la nullité des délibérations.

Il est interdit aux conseils municipaux de se mettre en correspondance entre eux ou de publier des proclamations et adresses. Dans ces divers cas ils seraient immédiatement suspendus par le préfet.

Les délibérations qui tiennent à l'administration des biens communaux sont, du moins en général, exécutoires par elles-mêmes, si elles n'ont pas été annulées par le préfet dans le délai de trente jours qui suit la date du récépissé du sous-préfet.

Les autres, au contraire, ne produisent d'effet que sur l'approbation du préfet, sauf les cas où l'approbation par le ministre compétent ou par décret impérial est prescrite par des lois et règlements d'administration publique.

§ III. — ATTRIBUTIONS DES CONSEILS MUNICIPAUX.

Les conseils municipaux règlent de leur propre autorité, sans avoir besoin d'aucune autorisation, mais sauf réformation, par le préfet, pour violation de la loi, s'il y a lieu :

1° Le mode d'administration des biens communaux ;

2° Les conditions des baux à ferme ou à loyer dont la durée n'excède pas 18 ans (ces conditions constituent le cahier des charges et sont bien distinctes de la formation du *contrat de bail*, qui doit toujours être approuvé par le préfet) ;

3° Le mode de jouissance et la répartition des pâturages et fruits communaux, autres que les bois, ainsi que les conditions à imposer aux parties prenantes (ne pas confondre avec le parcours et la vaine pâture, qui sont assujettis à d'autres règles. — Quant à la jouissance des bois, l'abus est si facile que la loi a cru devoir ne pas s'en rapporter entièrement aux conseils municipaux, trop naturellement enclins à sacrifier à la génération actuelle les intérêts de la génération future);

4° Les affouages (c'est-à-dire l'usage du bois pour le chauffage, *ad focum*), en se conformant aux lois forestières;

5° Les acquisitions d'immeubles, lorsque la dépense, totalisée avec celle des autres acquisitions déjà votées dans le même exercice, ne dépasse pas le dixième des revenus ordinaires de la commune (ce dixième devant être calculé sur la moyenne des recettes des trois dernières années) ;

6° Les projets, plans et devis de grosses réparations et d'entretien, lorsque la dépense totale afférente à ces projets et autres projets de même nature adoptés dans le même exercice ne dépasse pas le cinquième des revenus ordinaires de la commune (également en prenant pour base la moyenne des recettes des trois dernières années) ;

7° Le tarif des droits de place à percevoir dans les halles, foires et marchés ;

8° Les droits à percevoir pour permis de stationnement et de locations sur les rues, places et autres lieux dépendant du domaine public *communal;*

9° Le tarif des concessions dans les cimetières;

10° Les assurances des bâtiments communaux;

11° L'affectation d'une propriété communale à un service communal, lorsque cette propriété n'est encore affectée à aucun service public, sauf les règles prescrites par des lois et dispositions particulières laissant aux préfets ou aux ministres le droit de s'opposer à l'affectation si l'immeuble y est impropre et lorsqu'il s'agit, par exemple, d'une église, d'un presbytère, d'une maison d'école, d'une rue, place ou boulevard, d'un chemin vicinal, d'un théâtre, etc. ;

12° L'acceptation ou le refus de dons ou legs faits à la commune sans charges, conditions ni affectation immobilière, lorsque ces dons et legs ne donnent pas lieu à réclamation.

L'initiative, sur tous ces objets, appartient aussi bien au conseil municipal qu'au maire ; en cas de désaccord entre l'un et l'autre sur l'un des objets abandonnés au pouvoir des conseils municipaux par la loi de 1867 (n°s 5 à 11), la délibération n'est exécutoire qu'après approbation du préfet.

Le conseil municipal peut encore, de sa propre autorité, mais avec l'adjonction des plus imposés, *établir et régler*, par un simple vote, une imposition extraordinaire n'excédant pas cinq centimes par an et renfermée au surplus dans la limite du *maximum* fixé chaque année par le conseil général, pour en affecter le produit à des dépenses extraordinaires d'utilité communale. — Il peut aussi voter trois centimes extraordinaires exclusivement affectés aux chemins vicinaux ordinaires. En outre il vote et règle de la même manière les emprunts communaux remboursables sur les centimes extraordinaires votés comme on vient de dire, ou sur les ressources ordinaires quand l'amortissement, dans ce dernier cas, ne dépasse pas douze années. — En cas de désaccord entre le maire et le conseil municipal sur ces divers points, la délibération n'est exécutoire qu'après approbation du préfet.

Toute délibération prise dans l'un des divers cas qui viennent d'être indiqués, doit être publiée par le maire. — Le préfet, qui a trente jours pour l'annuler, pour violation d'une loi ou sur la réclamation d'une partie intéressée, peut en suspendre l'exécution pendant un autre délai de trente jours.

Le conseil municipal est encore appelé à régler lui-même, depuis la loi de 1867 : 1° la suppression ou la diminution des taxes d'octroi ; 2° la prorogation des taxes principales pour cinq ans au plus ; 3° l'augmentation des taxes, jusqu'à concurrence d'un décime pour cinq ans au plus ; sous la condition toutefois qu'aucune des taxes ainsi maintenues ou modifiées n'excèdera le maximum déterminé dans le tarif général établi, après avis des conseils généraux, par un règlement d'administration publique, ou qu'aucune desdites taxes ne portera sur des objets non compris dans ce tarif. — En cas de désaccord entre le maire et le conseil municipal, la délibération n'est encore exécutoire qu'après approbation du préfet.

Le conseil municipal n'est appelé qu'à *délibérer* (ce qui indique la nécessité d'une approbation de l'autorité supérieure), sur :

1° Le budget de la commune, et toutes les recettes et dépenses autres que celles dont il vient d'être parlé ;

2° Les tarifs et règlements de perception des revenus communaux autres que ceux dont nous avons également parlé ;

3° Les impositions extraordinaires dépassant cinq centimes, sans excéder le maximum fixé par le conseil général, et dont la durée ne serait pas supérieure à douze années ;

4° Les emprunts remboursables sur ces mêmes contributions extraordinaires ou sur les revenus ordinaires dans un délai de douze années ;

5° La prorogation des taxes additionnelles d'octroi existantes ;

6° L'augmentation des taxes principales d'octroi au delà d'un décime, mais dans la limite du maximum des droits fixés par le tarif général et dans la limite des objets compris en ce même tarif ;

7° L'établissement des marchés d'approvisionnement dans la commune ;

8° Les changements à faire dans la circonscription territoriale des communes faisant partie d'un même canton ;

9° La délimitation ou le partage des biens indivis entre deux ou plusieurs communes ou sections de commune ;

10° Les conditions des baux à ferme ou à loyer dont la durée excède 18 ans, ainsi que les conditions des baux des biens pris à loyer par la commune, quelle qu'en soit la durée ;

11° Les projets de constructions et démolitions, *dans tous les cas*, et ceux de grosses réparations et d'entretien lorsque la dépense n'excède pas le cinquième des revenus ordinaires de la commune;

12° L'ouverture des rues et places publiques et les projets d'alignement de voirie municipale;

13° Le parcours et la vaine pâture;

14° L'acceptation des dons et legs faits à la commune et aux établissements communaux, avec charges ou affectation immobilière, ou lorsqu'il y a réclamation;

15° Les actions judiciaires et transactions, et tous autres objets sur lesquels des lois et règlements exigent une délibération du conseil municipal.

Observons en passant, à propos de la vaine pâture, qu'on ne peut empêcher un propriétaire de clôre son héritage pour le soustraire à cette servitude, le droit de clôre étant un droit facultatif, qui ne se prescrit pas par le non-usage; mais d'un autre côté, il ne suffirait pas d'entourer la propriété d'une bordure de prairies artificielles, la loi voulant un fossé, une haie, un mur, et n'ayant pas prévu ce moyen (Cass.).

Les délibérations sur les différents objets qui viennent d'être énumérés sont exécutoires sur l'approbation du préfet, à qui aucun délai n'est imposé pour cela.

Le conseil municipal est toujours appelé à donner son avis, mais un simple avis, sur les objets suivants :

1° Les circonscriptions relatives au culte ou à la distribution des secours publics, ainsi que la création des bureaux de bienfaisance;

2° Les projets d'alignement de grande voirie, dans l'intérieur des villes, bourgs et villages;

3° L'acceptation des dons et legs faits aux établissements de charité et de bienfaisance;

4° Les autorisations d'emprunter, d'acquérir, d'échanger, d'aliéner, de plaider ou de transiger, demandées par les mêmes établissements et par les fabriques des églises et autres administrations préposées à l'entretien des cultes dont les ministres sont salariés par l'État;

5° Les budgets et comptes des établissements de charité et de bienfaisance;

6° Les budgets et comptes de fabriques et autres administrations préposées à l'entretien des cultes dont les ministres sont salariés par l'État, lorsqu'elles reçoivent des secours sur les fonds communaux;

7° Enfin tous les objets sur lesquels les conseils municipaux sont appelés par des lois et règlements spéciaux à donner un avis ou sont consultés par le préfet.

Le conseil municipal réclame, s'il y a lieu, contre le contingent assigné à la commune dans l'établissement des impôts de répartition.

Il délibère sur les comptes présentés annuellement par le maire, ainsi que sur les comptes de deniers des receveurs municipaux.

Enfin il peut exprimer son vœu sur tous les objets d'intérêt local.

CHAPITRE III.

Biens communaux.

Les biens possédés par les communes se divisent en deux classes, de nature bien différente.

On distingue en effet:

1° Les biens du *domaine public* de la commune;

2° Ceux du *domaine privé* ou *biens patrimoniaux* de la commune.

Les premiers, les biens *publics communaux*, sont ceux affectés à l'usage de tout le monde ou de tous les habitants. Tels sont les rues et chemins communaux, quais, ponts, écoles, églises, temples, cimetières, salles de spectacle, maisons communes, fontaines, casernes, abattoirs, lavoirs, marchés, en un mot, tous ceux dont les habitants ne jouissent pas par eux-mêmes, qui sont sans produit pour eux et pour la caisse communale, mais qui ont pour objet l'utilité ou l'agrément de l'ensemble des habitants. — Ces biens sont hors du commerce ; ils sont inaliénables et imprescriptibles tant qu'ils conservent leur destination.

Les *biens patrimoniaux*, au contraire, sont ceux qui se louent, qui s'afferment et s'exploitent régulièrement au profit de la commune. Tels sont les maisons, les halles, les métairies, les moulins, les usines, les prés, les terres labourables, les bois dont on partage ou dont on vend les coupes, les rentes sur l'État, les créances, le produit des droits et contributions que les communes sont autorisées à percevoir pour suppléer à l'insuffisance de leurs revenus. Tous ces biens peuvent être aliénés après l'accomplissement des formalités particulières ; étant dans le commerce, ils sont prescriptibles, et c'est à propos d'eux que l'art. 2227 du Code Napoléon assujettit les communes aux mêmes prescriptions que les particuliers.

On désigne plus spécialement sous le nom de *communaux* les biens patrimoniaux dont les habitants jouissent en commun, soit pour le pâturage de leurs bestiaux, soit pour le chauffage, soit pour tout autre objet de profit personnel. Ce sont les prairies, les pacages livrés à la dépaissance des bestiaux, les bois dont le produit des coupes est partagé, les tourbières dont le produit est également partagé, en un mot tous ceux qui ne se louent pas.

Les biens immobiliers des communes proviennent de différentes origines : d'acquisitions gratuites ou onéreuses, de concessions faites par l'État ; mais la plus grande partie proviennent de terres vaines et vagues, marais, landes, bruyères et autres terrains autrefois improductifs qui ont été attribués aux communes par les lois de la Révolution, après l'abolition du régime de la féodalité.

Les presbytères, restitués aux curés et desservants en vertu de l'art. 72 de la loi du 18 germinal an x, sont la propriété des communes et non des fabriques.

Les églises et cimetières, sauf titres contraires, sont la propriété des communes où sont situés ces immeubles.

Les édifices et autres lieux affectés à un usage public dans une commune, dont une section vient à être distraite, demeurent la propriété exclusive de cette commune. (Cass., 27 janvier 1851.)

Il a de même été décidé que les bâtiments consacrés à un service public et qui ont été concédés par l'État à une commune appartiennent en toute propriété à cette commune et continuent à faire partie de son domaine bien qu'ils aient cessé d'avoir la destination qu'ils avaient au moment de la concession.

Les biens immobiliers des communes sont assujettis (comme ceux des départements et des établissements publics autorisés) au paiement d'une taxe annuelle qui, sous le nom d'*impôt des biens de main-morte*, représente les droits de transmission entre-vifs et par décès, auxquels ces immeubles se trouvent soustraits par le fait de leur incorporation au domaine de la commune. Cette taxe ne frappe que les immeubles auxquels s'applique la contribution foncière ; elle est calculée à raison de 62 centimes et demi pour franc du principal de cette contribution.

La jouissance des produits des biens communaux n'appartient qu'aux Français ayant feu et domicile dans la commune, domicile qui s'établit par un an de résidence. Elle peut d'ailleurs être subordonnée à des conditions et notamment au paiement d'un droit qui est déterminé par le conseil municipal et qui figure dans l'actif du budget de la commune (telles sont les taxes d'affouages).

Le partage des fruits communaux a lieu, non par têtes, mais par feux, c'est-à-dire par groupes, mariés ou célibataires, ayant un ménage ou feu particulier.

Les bois (taillis ou futaies) appartenant aux communes et aux établissements publics, lorsqu'ils sont reconnus par l'autorité susceptibles d'aménagement et d'une exploitation régulière, sont soumis au régime forestier et l'administration en est réglée par des dispositions spéciales.

CHAPITRE IV.

Contrats des communes.

Le législateur a cru devoir entourer les communes d'une protection toute particulière, en prescrivant pour les différents actes de leur vie civile des formalités analogues à celles qui sont établies dans l'intérêt des mineurs et des interdits.

Nous passerons en revue, en suivant l'ordre alphabétique, les contrats pour lesquels ces formalités ont été édictées.

Acquisitions.

Les dispositions gratuites (entre-vifs ou testamentaires), au profit d'une commune, sont acceptées par le conseil municipal lorsqu'elles sont sans charges, conditions ni affectation immobilière, qu'elles ne donnent pas lieu à réclamation et que le maire et le conseil municipal sont d'accord pour accepter.

L'acceptation doit être autorisée par le préfet dans les cas contraires ; elle doit même l'être par le chef du gouvernement lorsqu'il y a réclamation de la part des familles, ou connexité avec des libéralités intéressant des établissements publics pour lesquels un décret impérial est nécessaire.

C'est le préfet qui statue sur les délibérations des conseils municipaux qui portent refus de dons et legs.

Le maire peut toujours provisoirement et à titre purement conservatoire, accepter, en vertu de la délibération du conseil municipal, les dons et legs pour lesquels l'autorisation supérieure est requise. L'arrêté ou le décret qui intervient ensuite a effet du jour de cette acceptation.

Les acquisitions à titre onéreux (par vente ou échange) sont réglées par le conseil municipal, d'accord avec le maire, lorsque la dépense, totalisée avec celle des autres dépenses déjà votées dans le même exercice, ne dépasse pas le dixième des revenus ordinaires de la commune, d'après la moyenne des recettes des trois dernières années.

Les acquisitions qui excèdent cette proportion ou pour lesquelles il y a désaccord entre le maire et le conseil municipal, doivent être approuvées par le préfet en conseil de préfecture.

Les pièces à produire dans ce but consistent dans :

1° Une délibération du conseil municipal autorisant le maire à entrer en arrangement pour l'acquisition, à faire lever le plan de l'immeuble et à le faire estimer ;

2° Le plan ;

3° Un procès-verbal d'expertise et d'estimation dressé par deux experts nommés, l'un par le maire, l'autre par le propriétaire, et par un tiers expert si les deux premiers ne sont pas d'accord ;

4° Le consentement donné par le propriétaire à la vente et au prix de l'estimation ;

5° Le budget de la commune ;

6° Un procès-verbal de *commodo* et *incommodo*, dressé par un commissaire délégué par le préfet ;

7° Une autre délibération du conseil municipal, contenant les motifs qui militent pour l'acquisition, avec l'indication des moyens d'en payer le prix d'une manière certaine aux époques consenties par le vendeur ;

8° Enfin l'avis du sous-préfet.

Si le vendeur est membre du conseil municipal, il ne doit point figurer dans la délibération qui autorise l'acquisition. Sa présence entraînerait la nullité de cette délibération.

Les communes doivent observer les formalités prescrites pour purger les propriétés acquises des priviléges et hypothèques qui les grèvent. — Une ordonnance du 31 août 1830 autorise à payer le prix des acquisitions immobilières faites pour cause d'utilité publique régulièrement constatée, si ce prix n'excède pas cent france, sans que les formalités prescrites pour la radiation des inscriptions et la purge des hypothèques légales aient été accomplies. Mais c'est une faculté qui ne peut préjudicier aux droits des tiers et les communes ne doivent en user qu'autant qu'elles croient pouvoir le faire sans inconvénient.

En ce qui concerne les acquisitions pour cause d'*utilité communale*, des formalités particulières sont déterminées par les lois des 7 juillet 1833 et 3 mai 1841, auxquelles on devra se reporter.

Quant à l'acquisition des objets mobiliers, elle se fait d'une manière plus simple; il suffit d'un avis du conseil municipal, approuvé par le préfet.

Aliénations.

L'aliénation des biens des communes n'a pas lieu, en général, à titre gratuit. Cependant une commune pourrait céder à l'État un terrain, pour cause d'utilité publique qui lui serait particulièrement profitable ; il suffirait d'un décret impérial pour autoriser cette cession.

Les aliénations à titre onéreux ne peuvent avoir lieu qu'en cas d'urgence ou pour un avantage évident, après une délibération du conseil municipal et un arrêté du préfet.

Il faut produire en ce cas :

1° La délibération énonçant les motifs du projet de vente ;

2° Le plan de la propriété ;

3° Son évaluation par experts ;

4° Copie du budget, avec l'exposé de la situation financière de la commune ;

5° L'avis du sous-préfet.

Sur cet avis le préfet, s'il y a lieu, fait procéder à une enquête *de commodo* et *incommodo ;* puis il accorde ou refuse l'autorisation demandée.

Les bois communaux soumis au régime forestier ne peuvent être aliénés qu'en vertu d'un décret.

L'aliénation des biens communaux se fait ordinairement aux enchères publiques.

Les maires et les adjoints, ou tous autres administrateurs de la commune ne peuvent se rendre adjudicataires, ni par eux-mêmes, ni par personnes interposées. Mais on admet généralement que les membres du conseil municipal, n'étant pas des administrateurs proprement dits, ne sont pas frappés de la même incapacité.

Lorsqu'il y a lieu de vendre des effets mobiliers appartenant à une commune, cette vente, après les autorisations requises, doit être faite aux enchères.

Baux.

Les baux des communes ont pour objet non-seulement les immeubles susceptibles d'être affermés, mais encore le droit de chasse sur ces immeubles, l'octroi, les banalités d'usines, les droits de halles et marchés, les théâtres et salles de spectacle, les droits de mesurage, pesage et jaugeage, l'éclairage, l'entretien du pavé des villes, le service des pompes funèbres, l'enlèvement des boues, etc... Cependant quelques-uns de ces objets peuvent donner lieu à des marchés plutôt qu'à des baux : c'est lorsque la commune est obligée de payer au lieu de toucher un revenu.

Les communes sont même autorisées à louer certains emplacements sur les rivières, les ponts et promenades publiques lorsqu'il est reconnu que cette location peut avoir lieu sans gêner la voie publique, la navigation, la circulation et la liberté du commerce.

Les baux des immeubles des communes doivent, comme les actes de ventes de ces biens, être passés devant notaires.

Les conseils municipaux, comme nous l'avons vu, règlent seuls, sauf réformation du préfet, les baux n'excédant pas dix-huit ans, qu'il s'agisse de biens ruraux ou autres.

Quant aux baux à long terme, c'est-à-dire excédant cette durée, ils doivent être approuvés par le préfet, quelque longue qu'en soit la durée, après délibération du conseil municipal précédée d'une information *de commodo et incommodo*, faite dans les formes accoutumées, en vertu d'ordre du sous-préfet.

La mise en ferme des biens communaux ne peut être faite que sous les clauses et conditions insérées au cahier des charges préalablement dressé par le maire et homologué par le préfet. Il doit être stipulé dans ce cahier des charges que les fermiers ou locataires seront tenus de payer, à la décharge de la commune et en déduction du prix du bail, le montant des impositions de toute nature assises sur les biens loués.

Les baux sont annoncés un mois d'avance, par des publications et affiches. En outre l'extrait des affiches est inséré dans le journal du lieu de la situation ou, à défaut, dans celui du département.

L'adjudication, dressée dans la forme ordinaire par les parties, lie dès lors le preneur qui l'a signée, mais ne devient définitive qu'avec l'approbation du préfet.

Les communes peuvent avoir besoin elles-mêmes de prendre à loyer des biens quelconques, par exemple une maison pour servir, soit à la tenue des séances de la municipalité, soit au logement du curé, du desservant ou de l'instituteur. Dans ce cas les conditions du bail, rédigées de concert par le maire et par le propriétaire, sont soumises au sous-préfet, qui en autorise la communication au conseil municipal. Sur le vu de la délibération du conseil et de l'avis du sous-préfet, le préfet autorise le maire à dresser l'acte de bail et à y engager la commune. La minute de cet acte est ensuite soumise à l'homologation du préfet.

Emprunts.

Pour contracter un emprunt communal remboursable en cinq ans sur le produit des cinq centimes extraordinaires que peut maintenant voter le conseil municipal sans approbation, il suffit d'une délibération de ce conseil, prise d'accord avec le maire ; l'approbation du préfet n'est nécessaire qu'en cas de désaccord avec le maire.

Il en est de même de l'emprunt remboursable en un délai n'excédant pas douze années, sur les ressources ordinaires.

Si l'emprunt à contracter doit être remboursé au moyen de six à vingt centimes extraordinaires, ou sur les revenus ordinaires dans un délai supérieur à douze ans, l'approbation du préfet devient nécessaire.

Tout emprunt excédant ces proportions doit être autorisé par décret impérial. Le décret est rendu en Conseil d'État s'il s'agit d'une commune ayant un revenu supérieur à 100,000 francs.

Il doit être statué par une loi si la somme à emprunter dépasse un million, ou si ladite somme, réunie au chiffre d'autres emprunts non encore remboursés, dépasse un million.

Dans les communes dont les revenus sont inférieurs à 100,000 francs, toutes les fois qu'il s'agit de contracter un emprunt, les plus imposés au rôle de la commune doivent être appelés à délibérer avec le conseil municipal, en nombre égal à celui des membres en exercice. — Ces plus imposés (dont le concours est aussi nécessaire toutes les fois qu'il s'agit d'établir des impositions extraordinaires) sont convoqués individuellement par le maire, au moins dix jours avant celui de la réunion. Les plus imposés absents doivent être remplacés en nombre égal par ceux portés après eux sur le rôle. — Les plus imposés ne peuvent se faire représenter parce qu'un mandat, qui suppose un vote arrêté d'avance, exclut les avantages de la discussion. Il est de même admis que les représentants légaux des incapables (mineurs, interdits, hospices, etc.) ne peuvent figurer en cette qualité au conseil, car il s'agit de l'exercice d'un droit purement civique et personnel, que ne peuvent exercer ni les femmes veuves, ni les tuteurs, ni les administrateurs d'hospices ou d'autres établissements publics.

Mainlevée.

Les délibérations des conseils municipaux, ayant pour objet d'autoriser les maires à donner mainlevée des hypothèques inscrites au profit des communes, sont exécutoires sur arrêté du préfet en conseil de préfecture.

Marchés et entreprises de travaux communaux.

Les projets, plans et devis de grosses réparations ou de réparations d'entretien sont réglés et arrêtés par le conseil municipal, d'accord avec le maire et sans autorisation préfectorale, lorsque la dépense totale afférente à ces projets et aux autres projets de même nature adoptés dans le même exercice ne dépasse pas le cinquième des revenus ordinaires de la commune (en prenant la moyenne des recettes des trois dernières années), ni, en aucun cas, une somme de 50,000 francs (Loi de 1867).

Dans toutes autres hypothèses et pour toute construction nouvelle, démolition, reconstruction entière ou partielle, il faut une autorisation du préfet, qui consulte, si bon lui semble, le conseil des bâtiments civils établi à Paris, près le ministère de l'intérieur, et composé d'architectes ayant pour mission de donner leur avis sur les projets de constructions publiques.

Le contrat d'entreprise de travaux a lieu en principe par voie d'adjudication administrative, sur soumissions cachetées, avec concurrence soit illimitée, soit restreinte par des conditions de garanties préalables.

Les cahiers de charges déterminent les garanties que les entrepreneurs doivent fournir, soit pour être admis à l'adjudication, soit pour répondre de l'exécution de leurs engagements. Il y est toujours stipulé que les ouvrages exécutés par les entrepreneurs en dehors des autorisations régulières resteront à leur charge personnelle, sans répétition contre les communes.

Les adjudications sont annoncées, sauf les cas d'urgence, un mois à l'avance, par affiches et par tous les moyens ordinaires de publicité. Les soumissions sont remises cachetées, en séance publique. Un maximum de prix ou un minimum de rabais arrêté d'avance par l'autorité qui procède à l'adjudication est déposé cacheté sur le bureau à l'ouverture de la séance. Si plusieurs soumissionnaires offrent le même prix, il est procédé, séance tenante, à une nouvelle adjudication entre eux. Un procès-verbal constate les résultats de l'opération, laquelle n'est valable et définitive qu'après l'approbation du préfet.

La condition suspensive de cette approbation n'est qu'en faveur de la commune et ne peut être invoquée par l'entrepreneur pour se dégager des obligations souscrites par lui.

Il peut être traité de gré à gré, sauf l'approbation du préfet, pour les travaux et fournitures dont la valeur n'excède pas 3,000 francs, de même que pour les travaux qui n'auraient été l'objet d'aucune offre aux adjudications ou à l'égard desquels il n'aurait été fait que des offres inacceptables, ou encore pour ceux qui, dans les cas d'urgence absolue dûment constatée, ne pourraient pas subir les délais des adjudications.

Quant aux marchés qui ne pourraient être sans inconvénient livrés à une concurrence illimitée, ils sont mis en adjudication avec des conditions restrictives, et on n'admet à concourir que des personnes préalablement reconnues capables par l'administration et produisant les titres justificatifs exigés par le cahier des charges.

Le contentieux des marchés communaux est soumis à la juridiction ordinaire, lorsque le marché n'a pour objet que les intérêts spéciaux de la commune ; si l'entreprise a pour objet l'intérêt général, elle est alors classée dans la catégorie des *travaux publics*, et les contestations que fait naître le marché sont de la juridiction administrative.

Lorsqu'un même travail intéresse plusieurs communes, les conseils municipaux sont appelés à délibérer sur leurs intérêts respectifs, sur la part de la dépense que chacune d'elles doit supporter. Ces délibérations sont soumises à l'approbation du préfet, qui prononce aussi sur le désaccord entre les conseils municipaux, mais après avoir entendu le conseil d'arrondissement et le conseil général. Si les conseils municipaux appartiennent à des départements différents, il est statué par décret impérial.

En cas d'urgence de certains travaux, un arrêté du préfet suffit pour les ordonner et pourvoir à la dépense à l'aide d'un rôle provisoire. Il est procédé ultérieurement à sa répartition définitive.

Partages.

Dans l'état actuel de la législation, il ne peut y avoir lieu à partage de biens appartenant à des communes que dans deux cas : 1° lorsque ces biens sont indivis avec des particuliers ; 2° lorsqu'ils sont indivis entre deux ou plusieurs communes. Ils ne peuvent, en effet, plus être partagés entre les habitants d'une commune.

Lorsque le partage a lieu entre deux ou plusieurs communes, il doit se faire proportionnellement au nombre de feux de chaque commune (sans avoir égard à l'étendue du territoire de chacune d'elles), à moins qu'il n'y ait des titres contraires, attribuant des droits inégaux aux communes copartageantes.

Les autorisations nécessaires pour opérer le partage sont les mêmes que pour les acquisitions et ventes faites par les communes. Chaque commune intéressée désigne un expert, et, en cas de division, le préfet nomme un tiers expert.

Lorsque l'indivision existe entre une commune et un particulier, le partage a lieu dans les termes du droit commun, et les difficultés qui s'élèvent à cette occasion sont jugées par les tribunaux civils.

Transactions.

Les communes, sur l'avis du conseil municipal et avec l'autorisation du préfet (depuis 1852) peuvent transiger sur toutes sortes de biens, quelle qu'en soit la valeur.

L'avis du conseil municipal est précédé d'une consultation de trois jurisconsultes désignés par le préfet.

Celui qui a souscrit une transaction avec une commune ne peut opposer à celle-ci son incapacité, résultant du défaut d'approbation de l'autorité supérieure (Cass., 3 mai 1841).

CHAPITRE V.

Procès des communes.

Les communes, étant assimilées à des mineurs, ne peuvent plaider sans autorisation; elles sont représentées en justice par le maire, et l'autorisation doit être renouvelée à chaque degré de juridiction.

C'est le conseil de préfecture qui donne cette autorisation, sur l'avis du conseil municipal. Mention doit en être faite dans le jugement ou dans les pièces qui y sont relatées.

La même autorisation doit être obtenue par tout créancier qui veut poursuivre la commune.

Le but de la loi est que l'autorisation soit demandée toutes les fois qu'il s'agit d'une dette pure et simple de la commune, dont le conseil de préfecture peut reconnaître la légitimité, parce qu'alors ce conseil ne doit pas permettre que la commune subisse des frais et doit directement la contraindre à payer.

La décision du conseil de préfecture n'a point l'autorité de la chose jugée. Ce n'est, à l'égard du particulier, qu'une permission d'assigner, et à l'égard de la commune qu'une permission de plaider.

Le particulier demandeur, à qui l'autorisation d'assigner a été refusée par le conseil de préfecture, doit en rapporter la preuve, pour passer outre. Cette autorisation a dû lui être donnée dans le délai d'un mois à compter du jour de la remise du mémoire qu'il a dû adresser à cet effet, remise constatée par récépissé du conseil de préfecture.

La commune à qui l'autorisation de plaider a été refusée a son recours au Conseil d'État, qui prononce après avoir pris l'avis de trois jurisconsultes désignés par le Ministre de la justice.

La nullité du jugement intervenu, à défaut d'autorisation de plaider, ne peut être invoquée que par la commune, et non par la partie adverse.

Les communes n'ont pas besoin de se faire autoriser lorsqu'il s'agit d'une action à introduire devant les tribunaux administratifs.

Tout contribuable inscrit au rôle de la commune a le droit d'exercer à ses frais et risques, avec l'autorisation du conseil de préfecture, les actions qu'il croirait appartenir à la commune ou section et que la commune ou section, préalablement appelée à en délibérer, aurait refusé ou négligé d'exercer. La commune ou section est alors mise en cause, et la décision a effet à son égard.

Lorsqu'une commune a été condamnée, le jugement ne peut être exécuté contre elle comme il le serait contre un simple particulier. Celui au profit duquel il a été rendu ne peut faire saisir les biens de la commune, ni former d'opposition entre les mains de ses débiteurs; car, en agissant ainsi, il désorganiserait un service public; il doit se pourvoir devant le préfet, qui avise au moyen de faire payer à la commune la somme dont elle a été reconnue débitrice et les dépens auxquels elle a été condamnée. On admet cependant qu'il peut prendre inscription sur les biens communaux, parce que cela ne nuit en rien au service.

CHAPITRE VI.

Budget des communes.

On appelle *budget* l'état ou tableau présentant les prévisions de recettes et de dépenses pour une période de temps déterminée.

L'*exercice* est la période à laquelle s'applique le budget et pendant laquelle il doit recevoir son exécution.

Le budget prend le nom de l'année pour laquelle il est voté, et l'exercice pendant lequel il dure s'étend jusqu'au 31 mars de l'année suivante, c'est-à-dire que les recettes et dépenses prévues au budget d'une année peuvent encore être effectuées pendant les trois premiers mois qui suivent, mais à condition de s'appliquer réellement à des droits constatés, à des faits accomplis avant le 1er janvier. Ces trois mois sont accordés pour compléter les recettes et dépenses de la dernière année, parce qu'il n'y a pas de commune où la situation puisse être définitivement arrêtée au 31 décembre; mais ils ne peuvent servir de prétexte pour rattacher de nouvelles dépenses au budget de l'année expirée. Tout crédit alloué pour une dépense qui n'a pas été entreprise dans le cours de cette année est donc annulé de droit au 31 décembre.

Les dépenses communales sont votées pour une année, et, tant que dure l'exercice, le conseil municipal ne peut de son chef supprimer ces dépenses ni en changer la nature. Toutefois, lorsqu'un crédit a été porté à un chiffre plus élevé que la dépense à laquelle il doit pourvoir, ou bien s'il a été prévu pour une dépense qui ne se réalisera pas, le conseil municipal peut voter l'affectation de ce crédit à une autre dépense, sous l'approbation du préfet. C'est ce qu'on appelle un *virement de crédit*.

Chaque année, dans sa session de mai, le conseil municipal arrête la situation financière de la commune et délibère sur la formation du budget de l'année suivante.

La situation est établie au moyen des pièces ci-après :

1° *Compte administratif* ou *moral* du maire, ordonnateur des dépenses, c'est-à-dire chargé du *mandatement*, mais non comptable en deniers ;

2° *État de situation en deniers*, présenté par le receveur municipal pour les recettes et dépenses faites par lui dans le courant de l'exercice clos, état dont le résumé doit concorder avec les résultats accusés par le *compte administratif;*

3° *État des restes à recouvrer* de l'exercice clos ;

4° *État des restes à payer* du même exercice ;

5° *Budget de l'exercice clos* et *chapitres additionnels* à ce même budget ;

6° *Compte de gestion* du receveur municipal, accompagné des pièces justificatives des recettes et dépenses faites pendant l'année, compte indiquant la situation du comptable au 31 décembre, et destiné à être déféré à l'examen du conseil de préfecture, après avoir été au préalable approuvé par le conseil municipal ;

7° Budget de l'exercice courant ;

8° Enfin toutes pièces, notes, états, calculs préparés par le maire, pour faciliter l'examen du compte administratif et justifier les évaluations à porter au budget supplémentaire de l'exercice courant et au budget primitif de l'année suivante.

Après examen de toutes ces pièces, le conseil municipal arrête d'une manière définitive les comptes de l'exercice clos.

Il approuve ensuite le compte administratif présenté par le maire.

Puis, le conseil municipal, dont le maire reprend la présidence, s'occupe du compte de gestion du receveur municipal ainsi que des budgets et comptes de la fabrique, du bureau de bienfaisance, de l'hospice, s'il y en a, et exprime par des délibérations spéciales son opinion sur chacun de ces documents.

L'exercice clos se trouvant ainsi définitivement réglé, il n'y aurait plus rien à faire à ce sujet si le règlement établissait qu'il n'y a pas de restes à recouvrer, pas de restes à payer, pas de restes annulés, et si en outre il n'était survenu aucun fait de nature à exiger des additions au budget courant. Mais, comme il en est toujours autrement, il y a nécessité de rattacher au budget en exercice tout ce qui reste en recette et en dépense de l'exercice clos et de compléter ce budget, voté seulement à titre du budget primitif au mois de mai de l'année précédente ; c'est l'objet du *budget supplémentaire* ou des *chapitres additionnels* à voter.

Le chapitre des *recettes supplémentaires* est divisé en deux sections.

La *première*, intitulée *reports*, rattache à l'exercice courant toutes les ressources, réalisées ou à réaliser, provenant de l'exercice clos et demeurées sans emploi.

La *seconde*, intitulée *recettes non prévues au budget primitif*, comprend toutes les recettes autorisées supplémentairement dans le courant de l'année. La nature de ces recettes y est précisée avec indication, par colonnes distinctes, des chiffres proposés par le maire, par le conseil municipal, par le sous-préfet, puis des chiffres admis par le préfet.

Le chapitre des *dépenses supplémentaires* est divisé en trois sections.

La *première*, intitulée *reports*, indique : 1° l'excédant des dépenses de l'exercice clos, s'il y a eu déficit ; 2° les restes à payer, littéralement reproduits d'après l'état fourni.

La *seconde*, destinée à conserver leur affectation à des ressources créées pour une destination spéciale, reçoit les crédits ou portions de crédits non employés avant le 31 décembre et devant avoir leur affectation dans le cours de l'exercice courant. Ces ressources, si elles provenaient d'une subvention de l'État, devraient être rendues au Trésor, à défaut d'emploi.

La *troisième*, intitulée *dépenses non prévues au budget primitif*, comprend les crédits ouverts par décisions particulières depuis le règlement du budget primitif et les crédits destinés à compléter ceux de ce même budget primitif, ou tous autres de prévision nouvelle.

Le budget supplémentaire ne doit pas se solder en déficit.

Après l'avoir ainsi formé, le conseil municipal doit tourner ses regards vers l'avenir et arrêter le tableau des recettes et dépenses prévues pour l'année suivante ; il passera donc (en mai 1869) aux prévisions du budget de 1870.

Voyons comment se forme le budget, d'après les distributions du cadre aujourd'hui en usage, c'est-à-dire d'après le plan prescrit par l'Instruction générale des finances du 20 juin 1859.

Observons d'abord que c'est au préfet qu'il appartient de régler tous les budgets communaux dont le revenu ne s'élève pas à 100,000 francs (avec ou sans impositions extraordinaires) ; qu'il règle même les budgets des villes dont le revenu est de plus de 100,000 francs, s'ils ne contiennent pas *pour la première fois* une imposition extraordinaire pour dépenses facultatives ou éventuelles, cas auquel il faudrait un décret impérial.

Observons encore :

Que l'initiative des propositions est accordée au maire ;

Qu'avant de les mettre sous les yeux du préfet, il faut que les propositions du conseil municipal et celles du sous-préfet soient consignées dans les colonnes faisant suite à celle réservée au maire, pour servir d'éléments d'appréciation à l'autorité préfectorale ;

Que les résultats du dernier compte, c'est-à-dire du budget

précédent, servent de point de départ et sont rapprochés des propositions du maire, comme pour leur servir de justification, de sorte que si les chiffres proposés par le maire diffèrent trop sensiblement du résultat acquis pour le dernier exercice, ce fonctionnaire doit en expliquer les causes au conseil municipal ;

Et que (depuis la loi de 1867) les excédants de recettes ordinaires, lorsqu'il a été pourvu aux dépenses obligatoires, et lorsque d'ailleurs aucune recette extraordinaire n'est appliquée aux dépenses facultatives, restent à l'entière disposition du conseil municipal, dont le vote ne peut être changé ni modifié à cet égard par l'autorité supérieure.

Le cadre des recettes comprend deux chapitres : celui des *recettes ordinaires* et celui des *recettes extraordinaires*.

Le chapitre des *recettes ordinaires* s'applique à celles qui sont normales et se réalisent tous les ans.

Il comprend :

1° Cinq centimes additionnels ordinaires sur les contributions foncière, personnelle et mobilière (portion imposée par la loi annuelle des finances portée aux rôles généraux et recouvrée par les percepteurs avec les impôts). — Notons à cette occasion que depuis la loi de 1867 (art. 4), les forêts et bois de l'État (affranchis de toute contribution, par la loi de l'an IX), acquittent les centimes additionnels ordinaires et extraordinaires affectés aux dépenses des communes, dans la proportion de moitié de leur valeur imposable sans préjudice des dispositions de la loi du 21 mai 1836 sur les chemins vicinaux, et de la loi du 12 juillet 1865 sur les chemins de fer d'intérêt local ;

2° Attribution de huit centimes sur le produit des patentes (perçue comme les cinq centimes additionnels) ;

3° Attribution sur le produit des permis de chasse (dix francs pour la commune sur chaque permis) ;

4° Attributions sur amendes (la totalité des amendes de police municipale et rurale ; — la totalité des amendes en matière de garde nationale ; — la totalité des amendes de chasse, pour la commune sur le territoire de laquelle les infractions ont été commises, sauf déduction des gratifications accordées aux agents rédacteurs des procès-verbaux ; — le tiers des amendes de grande voirie, pour les communes dans lesquelles les délits ont été constatés ; — moitié des amendes pour contraventions aux droits d'octroi ; — tiers des amendes de police correctionnelle, déduction faite des remises du receveur de l'enregistrement, frais de poursuites et droits du greffier ; — restitutions pour délits forestiers) ;

5° Produit brut des droits d'octroi (lesquels ne sont autorisés que dans les communes dont la population est de au moins 4,000 habitants. — L'établissement des taxes d'octroi votées par les conseils municipaux, ainsi que les règlements relatifs à leur perception, sont autorisés par décrets impériaux rendus sur l'avis du Conseil d'État. Il en est de même en ce qui concerne : 1° les modifications aux règlements ou aux périmètres existants ; 2° l'assujettissement à la taxe d'objets non encore imposés dans le tarif local ; 3° l'établissement ou le renouvellement d'une taxe sur des objets non compris dans le tarif général ; 4° l'établissement ou le renouvellement d'une taxe excédant le maximum fixé par le tarif général. — Nous avons vu, à propos des attributions du conseil municipal, l'étendue de ses pouvoirs dans les autres cas se rattachant à cette matière) ;

6° Droits de location de places aux halles, foires, marchés, abattoirs (à quoi se rattachent les droits de *stationnement* des voitures sur des emplacements désignés, des barques et bateaux sur les rivières, le droit de placer des chaises sur les promenades, et tous droits perçus à l'occasion de permissions de voirie urbaine. — Ainsi qu'on l'a vu, ces droits sont établis depuis la loi de 1867 par les conseils municipaux d'accord avec les maires; l'autorisation préfectorale n'est nécessaire que quand il s'agit des ports, quais, rivières et autres lieux dépendant de la grande voirie, à raison des intérêts généraux qui se rattachent à la liberté du commerce et de la navigation et que ces perceptions pourraient compromettre);

7° Droits de pesage, mesurage, jaugeage, etc.;

8° Loyers des maisons et usines communales;

9° Fermages des biens ruraux communaux (à quoi se rattachent les fermages de chasse et de pêche);

10° Coupes ordinaires de bois (le quart des bois communaux est mis en réserve pour servir d'assiette aux *coupes extraordinaires*; les trois quarts sont divisés en lots de coupes annuelles ou à intervalles plus éloignés et donnent les *coupes ordinaires*);

11° Taxes affouagères et de pâturage (établies, avec l'autorisation préfectorale, lorsque la commune n'a pas assez de ressources pour délivrer gratuitement aux habitants leurs parts);

12° Rentes sur l'État (l'emploi des capitaux des communes se fait de droit en rentes sur l'État. — Y ajouter les rentes sur particuliers, par suite de legs ou donations de sommes ainsi placées et dont le remboursement n'est pas exigible);

13° Produits des concessions de terrains dans les cimetières (la taxe est établie aujourd'hui par le conseil municipal d'accord avec le maire. Les deux tiers reviennent à la commune et l'autre tiers est attribué au bureau de bienfaisance. — La taxe n'est que facultative de la part de la commune; le conseil de fabrique ne peut l'établir ni l'encaisser à défaut de la commune);

14° Produits des expéditions des actes de l'état civil et des actes administratifs;

15° Intérêts de fonds placés au Trésor (c'est-à-dire des

fonds disponibles excédant 100 francs; ces fonds doivent être versés par les receveurs municipaux aux receveurs des finances, et rapportent à la commune un intérêt de 3 p. 100, en attendant l'emploi) ;

16° Imposition pour salaire des gardes champêtres (cette imposition ne portait, avant la loi de finances de 1868, que sur la contribution *foncière ;* elle porte maintenant sur les quatre contributions; elle est votée par le conseil municipal avec l'assistance des plus imposés; elle n'est pas considérée comme imposition extraordinaire et ne tombe par conséquent pas sous la limitation à 10 centimes fixée par la loi annuelle des finances) ;

17° Centimes pour les chemins vicinaux (ces centimes tout spéciaux sont votés sans l'assistance des plus imposés; ils ne peuvent excéder 5, et s'ajoutent au principal des quatre contributions directes. — En cas de refus ou d'insuffisance du vote, il y est pourvu d'office par le préfet, dans la limite du maximum indiqué) ;

18° Évaluation en argent des prestations en nature (ces prestations, dont le maximum est de trois journées, peuvent être rachetées en argent, d'après le tarif fixé par le conseil général) ;

19° Taxe sur les chiens ;

20° Imposition locale pour insuffisance de revenus (aucun maximum n'est fixé pour les centimes additionnels imposables pour dépenses ordinaires, obligatoires ou facultatives; il suffit que l'utilité en soit démontrée; ces centimes portent sur les quatre contributions et sont votés avec l'assistance des plus imposés dans les communes ayant moins de 100,000 francs de revenus; — ils seraient imposés d'office par décret pour combler le déficit, si le déficit provenait des dépenses obligatoires inscrites d'office par le préfet) ;

21° Frais de perception des impositions communales (ces

frais, ajoutés, à raison de 3 centimes par franc, au montant de toutes ces impositions, sont recouvrés avec elles, entrent par conséquent dans la caisse communale, et forment un article correspondant à pareil article de dépense. — Il est en outre ajouté pour dégrèvements et non-valeurs un centime par franc du produit des centimes additionnels portant sur la contribution foncière et personnelle-mobilière, 3 centimes pour la contribution des portes et fenêtres et 5 centimes pour les patentes. Le tout n'a pas besoin d'être voté, mais forme une conséquence du vote des centimes additionnels) ;

22° Instruction primaire, pour laquelle les recettes ordinaires comprennent :

1° La rétribution scolaire pour l'école des garçons ou l'école mixte ;

2° Les centimes spéciaux affectés à cette école ;

3° La subvention du département ou de l'État pour cette même école ;

4° La rétribution scolaire pour l'école des filles ;

5° Les fondations pour l'instruction des garçons ;

6° Les fondations pour l'instruction des filles.

Dans toutes les communes, une imposition spéciale de 3 centimes, sur le principal des quatre contributions directes, est annuellement votée ou imposée d'office par décret impérial pour parer aux dépenses de l'instruction primaire, quand les ressources ordinaires sont insuffisantes et que des fondations spéciales ne suppléent pas à cette insuffisance. — Si les 3 centimes, les rétributions scolaires et les fondations n'atteignent pas le minimum du traitement des instituteurs (700 francs), le minimum du traitement des instituteurs adjoints (500 et 400 fr., selon la classe), le minimum du traitement des institutrices dans les communes où l'école de filles est maintenant obligatoire, c'est-à-dire dans les communes dont la population atteint 500 âmes (500 et 400 fr., selon la classe), et le minimum du traitement des institutrices adjointes (350 fr.), la différence est fournie par la commune, à défaut, par le département sur les ressources ordinaires ou sur le produit de 3 centimes additionnels votés par le conseil général. Si toutes ces ressources sont épuisées, c'est l'État qui fournit le supplément. — Les institutrices dirigeant les écoles de filles dans les communes dont la population n'atteint pas 500 âmes, n'ont que la rétribution scolaire et le traitement facultatif, voté par le conseil municipal. — Les centimes spéciaux de l'instruction primaire sont votés sans l'assistance des plus imposés, dans la session de février, pour l'année suivante. Ils ne peuvent être imposés d'office.

Pour savoir s'il y aura lieu de porter une prévision de recette dans la ligne réservée à la subvention départementale ou de l'État, on calcule de la manière suivante le produit des ressources affectées au traitement de l'instituteur. Il faut d'abord assurer un minimum de traitement fixe de 200 fr., auquel on destine : 1° les ressources des fondations, 2° les ressources ordinaires de la commune, 3° le produit des 3 centimes spéciaux ; si le chiffre de 200 fr. n'est pas atteint, la subvention intervient pour le compléter. On ajoute ensuite aux 200 fr. la rétribution scolaire, et si le tout n'atteint pas le minimum du traitement annuel, la subvention comble encore le déficit.

Le chapitre des *recettes extraordinaires* s'applique aux recettes exceptionnelles, dues à des circonstances plus ou moins fréquentes, mais qui n'ont pas un caractère de permanence et sont au contraire accidentelles ou temporaires.

Ce chapitre comprend les objets suivants :

23° Aliénations d'immeubles (nous avons vu comment elles ont lieu) ;

24° Aliénations de rentes ou de capitaux ;

25° Coupes extraordinaires de bois (les demandes extraordinaires doivent être faites avant le 15 juin par le conseil municipal, avec indication de l'usage auquel doit être affecté le produit ; elles sont autorisées par décret impérial, après avis du conservateur des forêts) ;

26° Emprunts (nous avons vu comment se contractent les emprunts. Ajoutons qu'une commune ne peut être contrainte à emprunter, on ne peut que l'imposer d'office extraordinairement) ;

27° Subventions (de l'État ou du département, avec affectation déterminée ; — y ajouter les souscriptions particulières acceptées par le conseil municipal avec approbation du préfet) ;

28° Legs et donations (leur acceptation, suivant avis du Conseil d'État, peut être imposée d'office aux communes, en cas de votes négatifs des conseils municipaux) ;

29° Impositions temporaires, destinées à des dépenses éventuelles pour des objets déterminés. (Bien que, en principe, on doive recourir à ces impositions seulement en cas d'absolue nécessité et toutes autres ressources épuisées, nous avons vu quelle extension a été apportée aux pouvoirs des conseils municipaux à cet égard par la loi de 1867. Ajoutons seulement que les votes émis en cette matière doivent indiquer non-seulement le montant des impositions, mais encore *la quotité de centimes par franc* devant servir à former lesdites impositions, ce qui a l'avantage de hâter et faciliter la confection des rôles et de permettre aux assemblées délibérantes de se rendre un compte plus exact des charges devant en résulter pour les contribuables.)

Le titre des *dépenses* forme au budget un cadre dont les divisions correspondent aux divisions du cadre des *recettes*.

Les dépenses sont, comme les recettes, *ordinaires* ou *extraordinaires* ; elles sont en outre *obligatoires* ou *facultatives* : *obligatoires* quand la commune doit nécessairement y pourvoir, faute de quoi elles seraient inscrites d'office au budget; *facultatives* quand il dépend de la commune de les faire ou de s'en abstenir. Dans les cadres adoptés pour le budget, les dépenses, qu'elles soient obligatoires ou facultatives, sont classées sous la même rubrique, sans autre distinction que la lettre O ou la lettre F placée à la suite de l'énoncé de chacune d'elles pour rappeler son caractère obligatoire ou facultatif.

Le chapitre des *dépenses ordinaires* comprend :

1° Traitement du secrétaire de la mairie (O).

2° Frais de bureau de la mairie (O). — Ces frais comprennent les fournitures de bureau, le chauffage et l'éclairage.

3° Abonnement au *Bulletin des lois* (O). — C'est la collection officielle de tous les actes du Gouvernement français depuis le 22 prairial an II (10 juin 1794) jusqu'à nos jours.

4° Abonnement au *Moniteur des communes* (O). — Les chefs-lieux de canton sont en outre abonnés d'office au *Moniteur universel*, à raison de 40 francs par an, payés à l'aide d'un prélèvement sur le produit des amendes de police correctionnelle.

5° Frais des registres de l'état civil (O). — Ces frais comprennent la fourniture et la reliure des registres, le timbre des feuilles (à 1 fr. 50 c.), le transport et les frais occasionnés par les tables décennales.

6° Impressions à la charge de la commune (O). — Ce sont notamment les procès-verbaux d'élections, les listes de scrutin, les tableaux du mouvement de la population, les feuilles de dénombrement, les tableaux de la statistique annuelle, les mercuriales, les avis de journées à fournir pour les chemins vicinaux, les imprimés pour les écoles primaires, les comptes, budgets, chapitres additionnels, états de rentes à payer et à recouvrer (le receveur municipal fournissant à ses frais l'état de situation et le compte de gestion), les mandats de paiement et mandats de retraits de fonds du trésor, les procès-verbaux de clôture des caisses municipales, les rôles des taxes d'affouages et de pâturages, etc., etc.

7° Confection et renouvellement des matrices générales (O). — Il s'agit d'une copie des matrices dont la minute est conservée dans les bureaux de la direction des contributions directes. Cette copie, déposée à la mairie de chaque commune, est renouvelée tous les quatre ans, et la dépense en est remboursée au directeur des contributions directes sur les fonds de cotisations municipales, à raison de 1 centime et demi par article, y compris les frais de papier et d'impression.

8° Taxe des chiens (O). — Six centimes par article pour frais de matrice et de rôles.

9° Timbre des comptes et registres de la comptabilité communale et des mandats délivrés par le maire (O).

10° Remises du receveur municipal (O). — Ces remises sont fixées, savoir :

Sur les premiers 5,000 fr., à 2 pour 100 sur les recettes et autant pour les dépenses ;

Sur les 25,000 fr. suivants, 1 fr. 50 c. pour 100 ;

Sur les 70,000 fr. suivants, 0 fr. 75 c. pour 100 ;

Sur les 100,000 fr. suivants, jusqu'à 1 million, 33 c. pour 100 ;

Au-dessus de 1 million, 12 c. et demi pour 100.

Les remises sur le produit des rôles de la rétribution scolaire sont calculées à raison de 3 pour 100 du montant des sommes recouvrées.

11° Frais de perception des impositions communales (O).

12° Traitement des appariteurs ou agents de police et du tambour-afficheur (O).

13° Salaire des gardes champêtres (O).

14° Salaire des gardes forestiers (O). — Ce salaire est fixé par le préfet après avoir entendu le conseil municipal. Les gardes forestiers communaux sont nommés par le préfet sur la présentation du conservateur des forêts.

15° Traitement et frais de bureau du commissaire de police cantonal (O). — Il doit y en avoir un dans les villes ou bourgs de 5,000 habitants.

16° Frais de perception de l'octroi (O).

17° Contributions des biens communaux et taxe des biens de main morte (O). — Sont seuls exemptés de la contribution foncière et de l'impôt des portes et fenêtres les biens non productifs de revenus, affectés à un service public et dont la destination a pour objet l'utilité générale, comme les mairies, prisons, presbytères, maisons d'école, champs de foire, etc. ; mais les halles et marchés fermés, les abattoirs sont assujettis à la contribution foncière, non à celle des portes et fenêtres. Les propriétés affermées paient les mêmes impôts que les biens des particuliers. — Nous avons vu, au sujet des biens communaux, en quoi consiste la *taxe des biens de main morte*, laquelle ne s'applique qu'aux immeubles assujettis à la contribution foncière.

18° Frais d'administration des bois communaux, indemnité due à l'État (O). — Cette indemnité est payée annuellement au Trésor à raison de 5 centimes par franc du produit des ventes et affouages.

19° Indemnité à l'entrepreneur de la coupe affouagère (O). — Cette indemnité est fixée par un traité de gré à gré passé avec le maire et approuvé par le conseil municipal ; elle est comprise dans les frais qui font l'objet du rôle d'affouage.

20° Loyer et entretien de la maison commune (O).

21° Loyer et entretien de la justice de paix (O). — Cette dépense n'incombe qu'aux chefs-lieux de canton. — Le chauffage, l'éclairage, les frais d'impressions et fournitures de bureau sont à la charge du département.

22° Entretien des aqueducs, abreuvoirs, fontaines, puits et mares (F).

23° Entretien des halles, marchés et édifices communaux (F).

24° Assurance des bâtiments communaux contre l'incendie (F).

25° Entretien de l'horloge (F).

26° Entretien des pavés (F).

27° Entretien des promenades publiques (F).

28° Entretien de la pompe à incendie et accessoires (F).

29° Dépense de l'éclairage (F).

30° Enlèvement des boues (F).

31° Entretien des chemins vicinaux (O).

32° Frais de révision des états-matrices, d'impression et de confection des rôles et avertissements de la prestation (O).

33° Fonds accordés aux hospices (F).

34° Fonds accordés aux bureaux de bienfaisance (F). — Si les subventions ne sont qu'accidentelles, elles sont inscrites au chapitre des dépenses extraordinaires.

35° Fonds accordés aux ateliers de charité (F). — Même observation, ces ateliers n'étant le plus souvent établis que pour une saison rigoureuse et pour fournir à cette occasion des moyens d'existence aux ouvriers valides.

36° Pensions de retraite (O). — Ces pensions n'existent presque jamais dans les communes rurales. Il n'est pas sans intérêt de rappeler ici que la *Caisse des retraites pour la vieillesse* offre aux situations les plus humbles des facilités que les administrations municipales feraient bien de mettre à profit dans l'intérêt de leurs employés pour lesquels il n'a pas été créé de caisse spéciale.

37° Contingent de la commune dans les dépenses des enfants assistés (O). — Les communes paient ensemble le cinquième des frais de nourrices, pensions et inspection, et le contingent de chacune est fixé par le préfet d'après le revenu ordinaire, combiné avec le chiffre de la population.

38° Dépense des aliénés à la charge de la commune (O). — Le département et la commune du domicile d'un aliéné séquestré ne concourent à la dépense d'entretien de cet aliéné que si les ressources personnelles de celui-ci ou des parents qui lui doivent des aliments sont insuffisantes. Le département est alors le principal obligé, et la commune ne donne qu'un secours subsidiaire. Pour la détermination du contingent à assigner à la commune, une circulaire du 12 août 1841 a donné comme exemple à suivre un tarif divisé en sept classes qui, suivant que la commune a des revenus ordinaires de 100,000 fr., de 50,000 fr., de 20,000 fr., de 5,000 fr., de 1,000 fr., de 300 fr. et de moins de 300 fr., indique comme limite de leur concours dans la dépense 50, 37, 30, 25, 20, 15 et 5 pour 100.

39° Malades indigents, frais de journées à l'hospice (F).

40° Traitement du médecin cantonal (F),

41° Fourniture de médicaments pour les indigents (F).

42° Service des vieillards et des incurables (F).

43° Instruction primaire, dont la dépense comprend :

1° Le traitement de l'instituteur ou de l'institutrice pour l'école des garçons et l'école mixte (O);

2° Le loyer et le mobilier de classe de l'école des garçons ou de l'école mixte (O);

3° Le traitement de l'institutrice pour l'école spéciale des filles dans les communes dont la population est de au moins 500 âmes (O);

4° Le logement de l'institutrice pour cette même école, et son mobilier de classe (O);

5° Le traitement de l'institutrice pour l'école des filles dans les communes de moins de 500 habitants (F);

6° Le logement de l'institutrice pour cette école dans ces mêmes communes (F);

7° Traitement de la directrice des travaux à l'aiguille dans l'école mixte tenue par un instituteur (O);

8° Loyer et mobilier de classe pour les écoles de hameau (O);

9° Traitement des instituteurs adjoints et institutrices adjointes (O);

10° Impressions pour la rétribution scolaire (O);

11° Les prix, achats de livres, etc. (F).

44° Abonnement au *Bulletin officiel du ministère de l'intérieur* (F).

45° Abonnement au *Journal du droit administratif* (F).

46° *Annuaire du département* (F).

47° Logement des ministres du culte, à défaut de presbytère (O).

48° Traitement des vicaires (O). — Ce traitement est de 300 fr. au minimum et de 500 fr. au maximum.

49° Supplément de traitement aux curés et desservants (F). — Le maximum de supplément autorisé est de 100 fr. Quant au traitement des desservants, il est de 900 fr. pour ceux qui ont moins de soixante ans, 1,000 fr. de soixante à soixante-dix ans, 1,100 fr. de soixante-dix à soixante-quinze ans, 1,200 fr. au-dessus de soixante-quinze ans.

50° Subvention à la fabrique pour achat et entretien d'objets relatifs au culte et pour autres dépenses déclarées obligatoires pour la commune, à défaut de la fabrique (O).

51° Subvention aux sociétés de secours mutuels approuvées (O). — Les communes sont tenues de fournir gratuitement à ces sociétés les locaux nécessaires pour leurs réunions, avec le mobilier indispensable, les livrets et registres pour l'administration et la comptabilité. Le local, avec une table, quelques chaises et des bancs, peut être fourni sans frais dans la mairie ou la maison d'école ; reste à payer les registres et imprimés dont le prix est peu élevé.

52 Fêtes publiques (F).

53° Dépenses imprévues (F).

Le chapitre des *dépenses extraordinaires* comprend :

54° Intérêts d'emprunts (O).

55° Acquisitions d'immeubles (F). — Ces acquisitions, qui en principe sont facultatives, peuvent parfois devenir obligatoires, notamment quand il s'agit d'une église, d'un temple protestant, d'un presbytère (si le desservant ne peut se procurer un logement par voie de location), d'une maison d'école (si un local convenable ne peut également être loué), de la translation d'un cimetière.

56° Acquisitions de rentes, et remplois de capitaux (F).

57° Réparations aux édifices communaux (O). — Les grosses réparations sont obligatoires quand elles concernent la justice de paix, la mairie, la maison d'école, une halle, une église, un presbytère et généralement tous les édifices communaux affectés à un service public.

58° Constructions (O ou F).

59° Dettes (O).

Lorsque le budget a été formé des propositions du conseil municipal, la délibération, transcrite sur une formule imprimée, est adressée en double exemplaire au sous-préfet avec les expéditions du budget et les chapitres additionnels. —Le préfet l'arrête en faisant remplir la formule qui le termine. Il en conserve un exemplaire; un autre est adressé au receveur municipal par l'intermédiaire du receveur général, un troisième au sous-préfet, un quatrième au maire.

Comme on l'a nécessairement remarqué dans le cours du rapide exposé faisant l'objet du présent paragraphe, l'administration d'une commune vient se résumer en entier dans son budget. C'est que, en effet, lorsqu'il s'agit des affaires d'une commune, comme lorsqu'il s'agit de celles de l'État, ou d'une société, ou d'un simple ménage, tout aboutit à une question de recette ou de dépense, tout doit tendre à établir l'harmonie entre la recette et la dépense.

La connaissance complète et approfondie du budget dans ses détails comprendrait donc toutes les matières sur lesquelles s'exerce l'action de l'administration municipale. La simple analyse que nous en avons faite suffira du moins pour donner à tous une juste idée de l'organisation administrative et financière de la commune et pour dissiper les préventions de bien des esprits abusés.

On y reconnaîtra facilement combien la gestion des biens communaux est rationnelle, par quelles dispositions sages et prévoyantes elle est régie, avec quel soin scrupuleux elle a été soumise au double contrôle de l'autorité et des administrés eux-mêmes. On y reconnaîtra le rôle de l'impôt dans la société municipale, rôle analogue à celui qu'il remplit dans l'administration de l'État. L'étude du budget fournit la meilleure démonstration de la nécessité de l'impôt, sans lequel il n'y a plus de vie pour la plupart des communes, et surtout de sa légitimité, puisque, selon notre organisation, aucune cause extraordinaire de dépense ne peut être créée que par les contribuables ou leurs mandataires, et que ces derniers sont encore protégés contre leurs propres entraînements par une autorité tutélaire dont la vigilance n'a jamais encouru d'autre reproche que celui d'être parfois excessive.

CHAPITRE VII.

Du garde champêtre.

L'administration municipale a, pour le maintien de l'ordre et l'exécution des mesures qui s'y rapportent, un auxiliaire utile et que nous ne pouvions passer sous silence, le garde champêtre.

Institué par la loi du 6 octobre 1791 uniquement pour rechercher et constater les délits et contraventions portant atteinte aux *propriétés rurales*, cet agent a vu depuis lors le cercle de ses attributions s'agrandir, et la loi du 24 juillet 1867, donnant satisfaction à un besoin depuis longtemps signalé, l'a chargé de rechercher dans le territoire pour lequel il est assermenté, les contraventions aux règlements de *police municipale.*

Le garde champêtre est donc un officier de police judiciaire chargé de la garde et de la conservation des propriétés situées soit en dehors de l'enceinte de la commune, soit à l'intérieur, et, en outre, de l'exécution de tous les arrêtés de police municipale (rurale ou urbaine).

Il est de plus chargé de constater les délits de chasse (loi du 3 mai 1844), les contraventions à la loi sur le port d'armes lorsqu'elles sont accessoires du délit de chasse (loi du 16 juillet 1816), et les fraudes qui intéressent l'administration des tabacs (même loi).

Il dresse des procès-verbaux à l'effet de constater la nature, les circonstances, le temps, le lieu des délits et contraventions, ainsi que les preuves et les indices qu'il a pu en recueillir.

Il suit les choses enlevées dans les lieux où elles ont été transportées et les met en séquestre ; il ne peut néanmoins s'introduire dans les maisons, ateliers, bâtiments, cours adjacentes et enclos, si ce n'est en présence, soit du juge de paix, soit de son suppléant, soit du commissaire de police, soit du maire du lieu ou de l'adjoint, et le procès-verbal qui en est dressé doit être signé par celui en présence duquel il a été fait.

Il arrête et conduit devant le maire tout individu qu'il a surpris en flagrant délit ou qui est dénoncé par la clameur publique, lorsque ce délit emporte la peine d'emprisonnement ou une peine plus grave.

Il se fait donner à cet effet main-forte par le maire ou par l'adjoint du lieu, qui ne peut s'y refuser. (Instr. crim. 16.)

Lorsqu'il s'agit de délits de chasse, il ne peut ni saisir ni désarmer les délinquants; si cependant ces derniers sont déguisés ou masqués, s'ils refusent de faire connaître leurs noms, ou s'ils n'ont pas de domicile connu, ils doivent être arrêtés sur-le-champ et conduits devant le maire ou le juge de paix, lequel s'assurera de leur individualité.

Le garde champêtre est tenu d'informer le maire (qui en donne avis à son tour aux officiers, sous-officiers et brigadiers de gendarmerie) de tout ce qu'il découvre de contraire au maintien de l'ordre et de la tranquillité publique; il doit donner avis de tous les délits commis dans le territoire confié à sa garde. (Décret du 11 juin 1806.)

Les procès-verbaux du garde champêtre doivent être affirmés dans les vingt-quatre heures du délit devant le juge de paix dans la commune où réside ce magistrat, et devant le maire ou l'adjoint dans les autres communes.

Cette affirmation est une formalité essentielle, et son omission entraînerait la nullité du procès-verbal, de telle sorte qu'à défaut d'autre preuve le prévenu devrait être renvoyé de la plainte. (Cass. 10 décembre 1824.) Aussi le maire ou l'adjoint ne peut-il se dispenser de recevoir l'affirmation et de la constater, même dans la commune de la résidence du juge de paix et de ses suppléants, en cas d'absence de ces magistrats.

La loi du 28 floréal an x, en donnant au maire le droit de recevoir l'affirmation du garde champêtre, lui a conféré implicitement le droit de recevoir les rapports et déclarations de ce garde.

Lorsqu'un garde champêtre qui ne sait pas écrire fait son rapport verbal au maire ou à l'adjoint de sa commune, relativement à des délits ou contraventions qu'il a reconnus, il suffit que ce rapport soit écrit par le secrétaire de la mairie et signé par le maire ou l'adjoint qui le reçoit. Il n'est pas nécessaire que celui-ci l'écrive. (Cass., 19 mars 1830.)

Le garde champêtre n'a pas qualité pour faire citer à sa requête le prévenu d'une contravention ou d'un délit quelconque; il doit seulement remettre ses procès-verbaux dans les trois jours de leur date au commissaire de police de la commune, chef-lieu de canton, ou au maire de cette commune, exerçant les fonctions du ministère public, s'il n'y a pas de commissaire de police.

Les procès-verbaux dont il s'agit ne font foi que jusqu'à preuve contraire; ils doivent être enregistrés dans les quatre jours de leur date et peuvent l'être même dans un bureau voisin et situé dans un autre arrondissement. Ils sont d'ailleurs enregistrés et visés pour timbre en *débet* (avec droit à recouvrer ultérieurement), alors même que le garde a agi sur la réquisition d'un particulier. Si cependant le particulier se porte partie civile, c'est-à-dire demande des dommages-intérêts, le procès-verbal doit être rédigé sur papier timbré et enregistré au comptant.

Pour pouvoir être nommé garde champêtre, il faut être âgé de vingt-cinq ans accomplis. Un arrêté du Gouvernement, du 25 fructidor an IX, avait prescrit de prendre les gardes champêtres parmi les vétérans et autres anciens militaires domiciliés dans l'arrondissement; mais la plus grande latitude est laissée sur ce point aux maires, qui les nomment avec l'approbation des conseils municipaux ; avis du choix est donné au sous-préfet qui délivre la commission.

Avant d'entrer en fonctions, les gardes champêtres communaux doivent prêter serment devant le juge de paix de leur canton.

Les changements ou la destitution des gardes champêtres ne peuvent être prononcés que par le sous-préfet, sur l'avis du maire et du conseil municipal du lieu, et avec l'approbation du préfet. (Ordonn. du 19 novembre 1820.)

Les gardes champêtres, comme officiers de police judiciaire, sont sous la surveillance du procureur impérial.

Ils sont placés en outre sous la surveillance des commandants de tous grades de gendarmerie, lesquels, dans leurs tournées, doivent s'assurer si les gardes champêtres remplissent bien leurs fonctions. (Décret du 1er mars 1854.)

Dans les cas urgents ou pour des objets importants, les sous-officiers et brigadiers de gendarmerie peuvent mettre en réquisition les gardes champêtres d'un canton, et les officiers ceux d'un arrondissement pour les seconder dans l'exécution des ordres qu'ils ont reçus. (Ordonn. du 20 octobre 1820 et décret du 1er mars 1854.)

Les gardes champêtres, étant *officiers de police judiciaire*, ont la qualité de *fonctionnaires publics*, et on doit appliquer à ceux qui se rendent coupables envers eux de violences ou de voies de fait les articles 209 et suivants du Code pénal, relatifs au crime ou délit de rébellion.

En outre, comme *agents du Gouvernement*, ils ne peuvent être poursuivis pour délits commis dans l'exercice de leurs fonctions qu'en vertu d'une autorisation du Conseil d'État et sont jugés par les cours impériales pour les délits emportant une peine correctionnelle. (Cass., 16 février 1821.)

Enfin, comme ils sont *agents de la force publique*, les

violences exercées contre eux ont encore sous ce rapport un caractère aggravant. (C. pén., 230, 231.—Cass., 19 juin 1818.)

Observons, en terminant, que les gardes champêtres répondent des dommages pour lesquels ils ont négligé de faire leur rapport dans les vingt-quatre heures (loi du 6 octobre 1791); mais qu'ils ne peuvent jamais être condamnés aux dépens en raison de l'inexactitude ou de l'irrégularité de leurs procès-verbaux. (Cass., 20 août 1812 et 8 mars 1822.

CHAPITRE VIII.

Des opérations électorales.

Le but que nous nous sommes proposé, en publiant cet ouvrage, n'a été que de répandre les notions vraies sur l'ensemble et le fonctionnement de notre mécanisme administratif.

Le cadre restreint que nous nous sommes tracé dans ce but ne nous permet pas d'exposer ici dans tous ses détails la matière électorale ; nous ne pouvons non plus nous dispenser de lui consacrer quelques lignes à une époque où elle se présente avec un attrait tout particulier d'actualité ; pour la faire rentrer dans notre cadre nous la réduirons à son côté le plus pratique, c'est-à-dire au rôle à remplir par les administrations municipales dans la tenue matérielle du scrutin, laissant aux nombreux traités spéciaux qui se produisent à cette occasion le soin d'examiner à fond les questions de capacité, soit des électeurs, soit des candidats, celles relatives à la formation des listes, au recours à exercer contre les élections, et toutes autres questions théoriques s'y rattachant plus ou moins directement.

Observons seulement, à titre de préliminaires :

Que dans notre système de suffrage universel tous les Français âgés de vingt et un ans et jouissant de leurs droits civils et politiques sont électeurs, sans condition de cens ;

Que les élections ont lieu par communes, sur les listes revisées annuellement et closes le 31 mars ;

Que les électeurs doivent être convoqués par affiches et publications avec indication du jour, de l'heure et du lieu où le scrutin sera ouvert et clos ;

Que dans les communes de 2,500 âmes et plus, le scrutin doit s'ouvrir le samedi et se continuer le dimanche, jour de clôture ;

Que dans les communes d'une population moindre le scrutin ne doit durer qu'un seul jour, être ouvert et clos le dimanche ;

Que toutes les dispositions de la loi ou des règlements sur la matière ont eu pour but d'assurer la liberté et la sincérité des suffrages ;

Et qu'en cas de recours contre les élections la jurisprudence du Conseil d'État tend à n'admettre aucune cause de *nullité absolue*, mais à décider toutes difficultés en appréciant le résultat et en recherchant avant tout si les irrégularités ou les infractions constatées ont eu une influence sérieuse sur ce résultat et ont réellement porté atteinte à la liberté ou à la sincérité du vote.

Aux termes du décret du 2 février 1852, il faut un délai de vingt jours entre la convocation des électeurs et le jour de l'élection, lorsqu'il s'agit d'élire un membre du Corps législatif. — Il n'existe pas de disposition analogue pour l'élection des membres des conseils généraux, des conseils d'arrondissement ou des conseils municipaux. On doit en conclure que dans ces derniers cas nul délai n'est de rigueur ; mais il appartient au conseil de préfecture et au Conseil d'État d'annuler les opérations s'il leur est démontré que le délai accordé n'a pas été suffisant. La loi du 24 juillet 1847 fixe seulement un délai de dix jours pour le cas où il s'agit d'élire des conseillers municipaux dans une commune divisée en sections pour cette opération ; hors de là l'autorité prend elle-même les délais qu'elle juge convenable.

Les maires sont naturellement investis de la présidence des colléges électoraux. Lorsqu'une commune est divisée en sections, la première de ces sections est présidée par le maire ; les autres le sont par les adjoints, dans l'ordre des nominations, ou par les conseillers municipaux, dans l'ordre du tableau.

Le président, ayant la police de l'assemblée, peut appeler les agents de la force publique dans la salle du scrutin, s'il le juge utile au maintien de l'ordre; mais la présence de ces agents ne doit point avoir pour but et pour effet de porter atteinte à la liberté des votes.

Il doit empêcher qu'on ne s'occupe d'autres objets que des élections auxquelles il s'agit de procéder, interdire toute discussion et toute délibération et veiller à ce que nul électeur n'entre dans le lieu de l'assemblée s'il est porteur d'armes.

Dès qu'il a pris place au bureau, le président appelle, pour remplir les fonctions de scrutateurs, les deux plus âgés et les deux plus jeunes des électeurs présents à l'ouverture de la séance et sachant lire et écrire. Aucune loi n'empêche de siéger au bureau les parents ou alliés des candidats. L'électeur qui ne se présente à l'assemblée qu'après la formation du bureau ne peut demander ni être admis à y figurer.

Les quatre scrutateurs, de concert avec le président, désignent le secrétaire.

Le secrétaire doit ouvrir le procès-verbal aussitôt qu'il est nommé. Dans les délibérations du bureau il n'a que voix consultative.

Si, après le commencement des opérations, un ou plusieurs membres du bureau s'absentent assez longtemps pour qu'il soit permis de supposer raisonnablement de leur part un abandon de fonctions, le président peut et doit procéder à leur remplacement.— Trois membres au moins doivent être constamment présents.

Nul ne peut être admis à voter s'il n'est inscrit sur la liste. Toutefois seront admis au vote, quoique non inscrits, les citoyens porteurs d'une décision du juge de paix ordonnant leur inscription, ou d'un arrêt de la Cour de cassation annulant un jugement qui aurait prononcé leur radiation.

Pour assurer l'exécution de cette disposition, une copie de la liste des électeurs, certifiée par le maire, constatant les noms, domicile, qualification de chacun des inscrits, reste, pendant toute la durée des opérations, déposée sur la table autour de laquelle siége le bureau.

L'électeur remet au président son bulletin fermé; le président dépose ce bulletin dans la boîte du scrutin, et l'un des scrutateurs constate le vote en apposant sa signature ou son paraphe sur la liste, en marge du nom du votant.

L'admission au scrutin ne peut être refusé aux électeurs inscrits qui ne sont pas porteurs de leur carte, lorsqu'ils peuvent justifier de leur identité. — Il ne dépend pas du maire, président, de refuser le vote de l'électeur qu'admet le bureau.

Les électeurs apportent leurs bulletins préparés en dehors de l'assemblée, imprimés ou écrits par qui ils ont voulu.

Le papier des bulletins doit être blanc et sans signes extérieurs.

Le président a le droit de les examiner pour s'assurer s'ils ne sont pas doubles; mais il ne faut pas qu'il les déploie de manière à lire le vote ou à le faire lire.

La boîte du scrutin doit, avant le commencement du vote, avoir été fermée à deux serrures dont les clefs restent, l'une entre les mains du président, l'autre entre les mains du scrutateur le plus âgé. Toutefois le Conseil d'État ne prononce la nullité pour infraction à cette règle que s'il est établi que l'élection a pu en souffrir.

L'appel des électeurs a lieu par ordre alphabétique, en suivant la liste déposée sur le bureau.

Il est ensuite procédé au réappel pour ceux des électeurs qui n'ont pas répondu au premier appel et n'ont pas voté.

Néanmoins les électeurs sont toujours admis à voter entre l'appel et le réappel.

Le président déclare que le scrutin est clos, et il ne peut être reçu aucun vote après cette déclaration.

Si le dépouillement du scrutin ne peut avoir lieu le même jour, les boîtes contenant les bulletins sont scellées et déposées pendant la nuit au secrétariat ou dans l'une des salles de la mairie, ou même dans une maison particulière s'il n'y a pas de mairie. Les scellés sont également apposés sur les ouvertures du lieu où les boîtes ont été déposées, et le maire prend les autres mesures nécessaires pour la garde des boîtes du scrutin. Quoique ce soit au maire, président, à veiller sur l'urne du scrutin, on ne pourrait cependant pas annuler des élections parce que le sous-préfet ou le juge de paix y aurait concouru.

Pour le dépouillement, la boîte du scrutin est ouverte, et on commence par vérifier le nombre des bulletins.

Si ce nombre est plus grand ou moindre que celui des votants, il en est fait mention au procès-verbal.

Le bureau désigne parmi les électeurs présents un certain nombre de scrutateurs.

Le président et les membres du bureau surveillent le dépouillement. Ils peuvent y procéder eux-mêmes s'il y a moins de 300 votants.

Lorsque le nombre des bulletins trouvés dans l'urne est

supérieur à celui des votants, on retranche le nombre excédant du total des suffrages exprimés et des votes de chaque candidat.

Les tables sur lesquelles s'opère le dépouillement doivent être disposées de telle sorte que les électeurs puissent circuler alentour et s'assurer ainsi de la sincérité de l'opération; mais les électeurs n'ont pas le droit d'exiger la communication des bulletins.

Lorsque le dépouillement est terminé, le président en proclame le résultat. Ceux des bulletins qui n'ont donné lieu à aucune réclamation sont brûlés en présence des électeurs. Les autres doivent être annexés au procès-verbal, dont copie est immédiatement envoyée au préfet par l'intermédiaire du sous-préfet.

Le bureau a mission de juger provisoirement les difficultés qui s'élèvent sur les opérations de l'assemblée tant que ces mêmes opérations ne sont pas terminées. Ses décisions sont motivées. Toutes les réclamations dont il a à s'occuper et les décisions qui en sont l'objet doivent être insérées au procès-verbal; les pièces et bulletins qui se rapportent à ces mêmes difficultés y sont annexés après avoir été paraphés par le bureau.

Il n'est pas de nécessité absolue que ce procès-verbal soit écrit de la main du secrétaire, pourvu qu'il soit signé de tous les membres du bureau.

Les énonciations qu'il doit contenir sont indiquées par une circulaire ministérielle du 17 février 1852, à laquelle il faut s'en référer pour la rédaction de ce procès-verbal.

FIN.

TABLE DES MATIÈRES

FIN DE LA TABLE DES MATIÈRES.

Chez les mêmes Éditeurs :

INSTRUCTION ADMINISTRATIVE (CODE D') ou Lois de la Procédure administrative, contenant les règles de l'instruction devant les Tribunaux administratifs, Ministres, Préfets, Conseil d'Etat, Conseils de préfecture et les règles particulières à l'instruction en matière de conflits, d'élection, d'autorisation de plaider, de contributions directes, suivi d'un FORMULAIRE ANNOTÉ de tous les actes d'instruction administrative, par CHAUVEAU ADOLPHE, doyen de la Faculté de droit de Toulouse, 3e édition, mise au courant de la législation et de la jurisprudence. 2 vol. in-8. 1867. 15 fr.

CODE DES MUNICIPALITÉS, avec un Formulaire complet, par ETIENNE FAUCHET, Avocat à Grenoble. 3 vol. in-8. 16 fr.

ACTES DE L'ÉTAT CIVIL (COMMENTAIRE SUR LA LOI DES) formant le titre II du livre Ier du Code civil; par M. C. RIEFF, Conseiller à la Cour de cassation. 2e édit. 1 fort vol. in-8. 7 fr.

BUREAUX DE BIENFAISANCE (MANUEL DES) contenant la législation qui les régit, leur organisation, leurs attributions, les formalités pour les dotations et acceptations des dons et legs, les actions judiciaires, la comptabilité, etc., etc.; avec le résumé de la jurisprudence administrative et judiciaire jusqu'à ce jour; par M. B. MOLINEAU, ancien notaire, 1 vol. in-8. 1868. 3 fr.

CONSTRUCTIONS (CODE PERRIN ou DICTIONNAIRE DES) ET DE LA CONTIGUITÉ, législation complète des Servitudes et du Voisinage, du Sol bâti, cultivé ou planté ; de ses Produits, des Engrais, etc.; des établissements classés, des Usines, des Cours d'eau, du Drainage et des irrigations; du Bornage, de l'Affouage, des Clôtures urbaines et rurales; des Voies ferrées, Routes, Chemins, etc.; édition entièrement refondue et classée par ordre alphabétique, avec indications marginales ; par M. AMBROISE RENDU, Docteur en droit, Avocat à la Cour de cassation et au Conseil d'Etat ; 2e édition mise en rapport avec la doctrine et la jurisprudence administrative et judiciaire ; par JEAN SIREY, Avocat à la Cour impériale de Paris. 1 fort vol. in-8. 1868. 9 fr.

APHORISMES ADMINISTRATIFS, par A. REGNAULT, ancien Bibliothécaire et Archiviste du Conseil d'Etat de l'Empire. 1 vol. in-18. 1859. 4 fr. 50

ÉTAT CIVIL (TRAITÉ THÉORIQUE ET PRATIQUE DE L') par H. CIVAL, Juge. 1851. 1 vol. in-12. 3 fr.

REGISTRES DE L'ÉTAT CIVIL (INSTRUCTION SUR LA TENUE DES); par M. DUBOIS-GUCHAN, Conseiller à la Cour impériale de Lyon. 1844. In-8°. 3 fr.

ACTES DE L'ÉTAT CIVIL (PRÉCIS DES RÈGLES RELATIVES A LA REDACTION DES); par E. BASCLE DE LAGRÈZE, Conseiller à la Cour impériale de Pau. 1848. In-8. 1 fr. 50

Paris.—Imprimerie de COSSE et J. DUMAINE, rue Christine, 2.

www.ingramcontent.com/pod-product-compliance
Ingram Content Group UK Ltd.
Pitfield, Milton Keynes, MK11 3LW, UK
UKHW020315180726
13839UKWH00001B/469